# Qualidade
# conceitos e aplicações

## Em produtos, projetos e processos

Blucher

Fernando Tobal Berssaneti
Gregório Bouer

# Qualidade
# conceitos e aplicações

## Em produtos, projetos e processos

*Qualidade: Conceitos e aplicações – Em produtos, projetos e processos*

© 2013 Fernando Tobal Berssaneti e Gregório Bouer

1ª reimpressão – 2016

Editora Edgard Blücher Ltda.

# Blucher

Rua Pedroso Alvarenga, 1245, 4º andar

04531-934 – São Paulo – SP – Brasil

Tel.: 55 11 3078-5366

**contato@blucher.com.br**

**www.blucher.com.br**

Segundo o Novo Acordo Ortográfico, conforme 5. ed. do *Vocabulário Ortográfico da Língua Portuguesa*, Academia Brasileira de Letras, março de 2009.

FICHA CATALOGRÁFICA

Berssaneti, Fernando Tobal

  Qualidade: conceitos e aplicações – Em produtos, projetos e processos / Fernando Tobal Berssaneti, Gregório Bouer. – São Paulo: Blucher, 2013.

Bibliografia

ISBN 978-85-212-0737-5

1. Controle de qualidade 2. Administração da produção I. Título II. Bouer, Gregório

13-00162                                          CDD 658.562

Índices para catálogo sistemático:

1. Controle de qualidade

*Dedicamos este livro aos nossos familiares, esposas e filhos, sobretudo pelo apoio que nos têm proporcionado, compartilhando nossas preocupações e alegrias e também pela compreensão do afastamento do convívio, necessário para a elaboração deste livro e de outras aventuras profissionais dos autores.*

# Agradecimentos

Agradecemos aos grandes mestres, que demonstraram o que são boas aulas e como ensinar de forma eficaz, dentre eles: Abram Bloch, Cid Augusto Gueli, Nicolau Marmo, Oswaldo Fadigas Fontes Torres, Osvaldo Shigueru Nakao e Fernanda Telles. Com estes mestres, descobrimos o gosto pela didática.

Agradecemos ainda aos nossos orientadores nos trabalhos acadêmicos desenvolvidos: Alberto Ricardo Von Ellenrieder, Israel Brunstein e Antonio Muscat; e aos orientadores de trabalhos profissionais: Marcos Pontual, Silas Fonseca Redondo, Sergio Baptista Zacarelli e Edson Bouer.

Aos colegas de ensino e parceiros em projetos desenvolvidos, agrademos o convívio e o aprendizado em conjunto: Omar Moore Madureira, Pedro Luiz de Oliveira Costa Neto, Melvin Cymbalista, José Joaquim do Amaral Ferreira, Mauro Zaitz, Marly Monteiro de Carvalho, João Amato Neto e Alberto Wunderler Ramos.

Um agradecimento especial ao amigo e parceiro de longa data, Prof. Marcelo Schneck de Paula Pessôa, o professor mais engenheiro que conhecemos e a quem chamamos de "Professor Pardal", e aos ex-alunos, que sempre contribuíram e incentivaram para que ambos os autores seguissem na carreira de professor e consolidassem seus conhecimentos neste livro.

Às empresas onde foram desenvolvidos trabalhos profissionais para a aplicação dos temas tratados nesta obra e aos médicos, exemplos como profissionais e amigos, que auxiliaram o Prof. Gregório na superação de múltiplos problemas de saúde, Boris Barone e Décio Mion.

Por fim, segue nosso agradecimento ao pai Edgard Blücher e ao filho Eduardo Blücher, amigos de longa data, e aos seus colaboradores da Editora Blucher que tornaram possível o final da nossa empreitada.

# Nota sobre os autores

## Fernando Tobal Berssaneti

A trajetória de Eng. Dr. Fernando Tobal Berssaneti demonstra claramente a sua formação acadêmica avançada, sua forte atuação docente (incluindo orientação de alunos), suas múltiplas atividades de consultoria e de relacionamento com o mercado.

A epígrafe escrita em sua tese de doutorado: "The important thing is not to stop questioning" citando Albert Einstein é a perfeita imagem deste engenheiro, sempre à busca da melhor solução para os problemas, consciente de que haverá a possibilidade de outra mais perfeita: aquela solução que atenda às metas de prazo, custo e qualidade, sabendo que para alcançá-la são necessários empreendedorismo, criatividade, determinação e trabalho.

Na Escola Politécnica da USP, pela sua excepcional capacidade de análise e síntese aliada à facilidade de se comunicar de forma clara e precisa, Fernando esteve envolvido com as atividades de docência e de pesquisa desde a graduação. Hoje é docente do Departamento de Engenharia de Produção.

Em 2004, concebeu e operacionalizou o Escritório de Projetos da Fundação Carlos Alberto Vanzolini onde atuou até o início de 2013. Participa ativamente de diversos projetos como consultor e também ministra cursos *in company*, além de implantar processos de gerenciamento de projetos. É também docente da Fundação Carlos Alberto Vanzolini ministrando as disciplinas de Gestão da Qualidade em Projetos, Estatística e Gestão da Qualidade e Produtividade.

A trajetória acadêmico-profissional sempre esteve ligada à docência em Engenharia de Produção e especialmente relacionada aos temas qualidade, produtividade, projeto do produto e gerenciamento de projetos, de forma prática e aplicada, como podem comprovar os seus trabalhos em empresas como Petrobras S/A, Ultrafertil S.A., Engevix Engenharia S.A.; Credicard Citi, Centro de Tecnologia Canavieira (CTC), Citibank, Atento Brasil, Ford Motor Company Brasil Ltda, Top Taylor Indústria e Comércio Ltda; Gol Linhas Aéreas Inteligentes S.A., Bradesco S.A., ABDI – Agência Brasileira de Desenvolvimento Industrial, ABIT – Associação Brasileira da Indústria Têxtil e de Confecção, Tigre S.A., e outras.

Portanto, é hora de aproveitar seus ensinamentos neste livro.

Osvaldo Shigueru Nakao
Engenheiro, Mestre e Doutor em Engenharia Civil (Estruturas)
pela Universidade de São Paulo
Professor do Departamento de Engenharia de Estruturas e
Fundações da Escola Politécnica da Universidade de São Paulo

## Gregório Bouer

Ao receber o convite para apresentar o Prof. Dr. Gregório Bouer, autor deste livro, fiquei duplamente feliz. A primeira razão desta felicidade é poder testemunhar o profundo conhecimento sobre Qualidade que este prezado colega e amigo detém; fruto de décadas de pesquisas, consultorias e cursos ministrados sobre o tema, experiência que pude constatar durante os muitos anos em que convivemos no Departamento de Engenharia de Produção da Escola Politécnica da USP e na Fundação Carlos Alberto Vanzolini.

Sua carreira acadêmica, na qual se tornou mestre e doutor em Engenharia de Produção pela Poli, onde hoje é professor sênior no Departamento de Engenharia de Produção, deu-lhe o ensejo de pesquisar e ministrar muitas aulas sobre Qualidade nos cursos dessa prestigiosa Escola de Engenharia, como também o fez na Faculdade de Economia, Administração e Contabilidade da USP, na Faculdade de Engenharia Industrial, nas Faculdades Oswaldo Cruz e na Universidade Paulista. Atuou também na Fundação Vanzolini, da qual foi por dois períodos diretor presidente, totalizando dez anos nesse importante cargo, além de coordenador dos cursos de capacitação em Gestão de Projetos.

Essa vivência o levou à condição de presidente da RECLA — Rede de Educação Contínua e a Distância para a Europa e América Latina. Não deixou, entretanto, de manter estreito contato com o mundo industrial, no qual a qualidade de produtos e serviços se origina. Assim, é diretor geral da TQS Engenharia e foi diretor das empresas Arno S.A. Indústria e Comércio, e Macisa S.A. Comércio e Indústria de Metais. Foi também consultor de diversas outras empresas nas áreas de planejamento e gestão da qualidade, sistemas de garantia da qualidade, modelos de excelência, grupos de alta performance, manutenção produtiva total, controle estatístico da qualidade, gerenciamento pelas diretrizes, gestão de projetos, de processos e de rotinas.

Parte da experiência assim acumulada no trato com a Qualidade já deixara estampada em capítulos de livros, tais como *Gestão de operações*, da Editora Edgard Blücher, e *Gestão da qualidade — teoria e casos*, da Editora Campus/Elsevier.

A segunda razão pela qual escrevo esta apresentação com muita satisfação se deve a que passaremos a ter um livro voltado às questões da Qualidade, no qual com certeza se transmite aos leitores a essência dos conhecimentos adquiridos pelo Prof. Gregório em muitos anos de convivência com o assunto, seus problemas e suas soluções. Assim, temas que vão dos conceitos fundamentais, da apresentação dos principais pensadores da Qualidade, das ferramentas práticas e gerenciais para se aprimorar a Qualidade, passando pelos sistemas de gerenciamento que levam às melhores práticas e seus indicadores, até chegar aos casos reais de aplicação, são apresentados com o aval do conhecimento teórico e da experiência vivida do autor. O resultado desta iniciativa para oferecer ao seu público-alvo tantas valiosas informações será, tenho certeza, uma contribuição inestimável para estudantes, professores, profissionais e instituições deste país, em última análise o principal beneficiado pela existência da obra.

Pedro Luiz de Oliveira Costa Neto
Membro da Academia Brasileira da Qualidade
Professor Titular do Programa da Pós Graduação em
Engenharia de Produção da Universidade Paulista
Ex-professor do Departamento de Engenharia de Produção da Escola Politécnica da USP
Ex-diretor presidente da Fundação Carlos Alberto Vanzolini

# CONTEÚDO

# CONCEITOS E TERMOS CORRELATOS À QUALIDADE

## 1.1 CONCEITO DE CLIENTE

O conceito mais difundido de cliente corresponde ao destinatário de um produto ou serviço provido por um fornecedor. No entanto, o conceito de cliente estende-se não só ao consumidor externo ou usuário final, mas aos acionistas, aos clientes internos ou funcionários, e a toda a sociedade.

Para obter sucesso nos negócios o conceito de cliente deve ser ampliado para "Foco nos Interessados" (em inglês, *stakeholders*). A pergunta básica que deve ser feita é: Quem também deve ser satisfeito, além do cliente final?

O foco nos interessados, em especial no cliente final, é fundamental para fornecer um produto ou serviço de qualidade. Normalmente, existe mais de um interessado e fornecedores e vendedores têm um papel importante no fornecimento de qualidade ao cliente.

Nesse sentido, outra pergunta deve ser feita: Quem sempre deve ser contemplado ou, ao menos, lembrado? A resposta é chamada *key stakeholders*, ou seja, os "interessados chave", os mais importantes. Usualmente, os *stakeholders* mais ativos são aqueles que precisam ter suas necessidades atendidas, caso contrário, podem comprometer a entrega ao usuário final. São eles: funcionários, fornecedores, acionistas (patrocinadores) e os próprios clientes finais.

Existem, ainda, outros *stakeholders* menos ativos como, por exemplo, o governo, comunidades, e outros grupos interessados. Esses interessados normalmente definem limites, condições de contorno que, se respeitadas pelo provedor do produto ou serviço, não interferem diretamente no resultado do negócio.

## 1.2 CONCEITO DE QUALIDADE

Qualidade é, por definição, um conceito relativamente abrangente e complexo, não existindo um consenso sobre sua conceituação. As definições de qualidade mais utilizadas de forma global são aquelas emitidas pelos principais gurus da qualidade, em épocas distintas. Entre elas, pode-se citar:

- Adequação ao uso – Joseph M. Juran.
- Conformidade com requisitos – Philip Crosby.
- Qualidade como função de perdas – Genichi Taguchi.
- Qualidade significa um grau previsível de uniformidade e confiabilidade a baixo custo, estando adequada ao mercado – W. Edwards Deming.

O fato é que o conceito de qualidade vem se ampliando ao longo dos anos, incorporando novas ideias. Além disso, cada nova ideia é consequência de condições socioeconômicas de diferentes períodos.

O primeiro conceito que vale a pena destacar é o da "adequação ao padrão". Esse conceito surgiu no período pós Segunda Guerra Mundial, uma vez que a própria guerra evidenciou a necessidade de padronização de medidas. Isso foi percebido em decorrência da dificuldade que os países aliados, sobretudo Estados Unidos e França, tinham para compartilhar munição, dado que a França utilizava o sistema internacional de medidas (milímetros), enquanto os Estados Unidos utilizavam o sistema inglês (polegadas).

Passado o período de escassez, característico de anos subsequentes a guerras ou desastres, Juran propôs uma nova definição para o conceito de qualidade: "adequação ao uso", em outras palavras, passou-se a questionar qual a melhor utilização que um cliente pretende dar a um determinado produto.

Esse movimento na tentativa de satisfazer as necessidades do cliente é datado dos anos entre 1950 e 1960. Nesse período, foram evidenciadas preocupações com formas, design, peso, tamanho, coloração, entre outras, para os produtos ofertados. Um exemplo claro de adequação ao uso é o da indústria automobilística que passou a oferecer diferentes tipos de automóveis para diferentes usos. Atualmente, outro exemplo de adequação ao uso corresponde à preocupação das empresas de tecnologia da informação em produzir os chamados softwares com interfaces amigáveis, com melhor adequação ao uso do cliente. Um exemplo claro foi a substituição dos comandos digitados pelos clicados.

Na década de 1970 o conceito de qualidade novamente evoluiu. Dessa vez, a evolução pode ser atribuída às crises do petróleo em 1973 e 1979. Dado o contexto dessas novas crises, surgiu o conceito de "adequação a custos". Com o advento desse conceito, uma palavra ganhou força no cenário empresarial internacional: produtividade. Esse período coincide com a ascensão das empresas japonesas no cenário internacional, uma vez que essas empresas foram as primeiras a iniciar programas formais para eliminar perdas, desperdícios, retrabalhos e falhas de produção. Dessa forma, as organizações que conseguissem ofertar ao mercado produtos similares aos dos concorrentes a preços menores possuíam um diferencial competitivo capaz de eliminar os concorrentes que não fossem capazes de se adequarem rapidamente à nova realidade do mercado.

Superadas essas crises, verificou-se uma nova evolução do conceito, a chamada "adequação às necessidades latentes". Uma necessidade latente corresponde a uma necessidade que o cliente tem e que ainda não a percebe, ou que não consegue expressar claramente para o provedor do produto ou serviço. Dessa forma, as empresas que inovassem e chegassem primeiro ao mercado com produtos ou serviço capazes de preencher essas necessidades possuiriam um diferencial competitivo significativo em relação aos concorrentes.

Esse conceito de qualidade forçou as empresas, sobretudo nas décadas de 1980 e 1990, a investirem em estruturas internas para pesquisa e desenvolvimento (P&D), com vistas a desenvolverem novos produtos ou serviços para atenderem a essas necessidades latentes. A visão da qualidade como a "satisfação de todos os interessados" corresponde a esse conceito.

Com o desenvolvimento da função marketing nas organizações, nas últimas décadas, o conceito novamente evoluiu. Um novo paradigma foi criado e o conceito de qualidade evoluiu para "fidelização dos clientes". Esse conceito ganhou força ainda maior com o recente advento das redes sociais, em que um cliente insatisfeito consegue disseminar seu descontentamento para um número significativo de pessoas, em um curtíssimo intervalo de tempo. Além disso, as empresas passaram a perceber que relações duradouras com clientes fiéis são muito mais lucrativas que relações pontuais. Sem contar o fato de que com o aumento da concorrência, conquistar clientes perdidos tornou-se uma missão quase impossível e altamente custosa.

Por tudo isso, não é recomendável adotar uma definição para a qualidade. O que se tem são os conceitos da qualidade. É necessário atentar ao fato de que, quando o conceito evolui, os anteriores não desaparecem. O que ocorre é a incorporação de um novo conceito aos já existentes.

Todos os conceitos da qualidade podem ser encontrados em uma mesma organização. Cada empresa deverá identificar quais desses conceitos são os mais importantes e priorizá-los para o seu negócio, em particular.

O Quadro 1.1, a seguir, resume a evolução do conceito de qualidade. Juntamente com o conceito de qualidade, as ferramentas da qualidade também foram evoluindo, e novas ferramentas foram desenvolvidas e incorporadas às já existentes, ao longo dos anos, para melhor aplicação dos novos conceitos.

**Quadro 1.1** – Evolução do conceito de qualidade

| Conceitos | Período | Foco | Princípios | Pontos Fracos | Ferramentas |
|---|---|---|---|---|---|
| Adequação ao padrão | Anos 1950 | Controle do produto | Avaliar produto com padrão (gabarito). Corrigir eventuais desvios. | Inspeção não melhora qualidade. Retrabalho e rejeições. | Inspeção 100% |
| Adequação ao uso | Anos 1960 | Controle do produto | Evitar insatisfação dos clientes. Rejeitar produtos fora do padrão. | Riscos para o cliente final. Conflitos entre áreas funcionais. | Inspeção por amostragem |
| Adequação ao custo | Anos 1970 e 1980 | Controle do processo | Processos estáveis. Redução da variabilidade. | Pode ser copiado por empresas com custos mais baixos. | Controle estatístico de processo. Ferramentas básicas da qualidade. |
| Adequação às necessidades latentes | Anos 1980 e 1990 | Qualidade no projeto do produto e do processo | Satisfação de todos os interessados. Ênfase no projeto do produto e do processo. | Exige muita rapidez e alta flexibilidade. | Desdobramento da função qualidade. Delineamento de experimentos. Método de Taguchi. |
| Fidelização dos clientes | Anos 2000 aos dias atuais | Qualidade no projeto do produto e do processo | Satisfação do cliente final. Conquista da fidelidade. A expectativa criada deve ser igual à qualidade percebida. | Exige comunicação rápida, sistemática e eficiente. Necessita de disposição para planejar. | Ferramentas de análise de riscos. (Fmeca, APP, Hazop, Matriz de riscos). |

## 1.3 QUALIDADE EM PROJETOS

Em projetos, também há a necessidade de adequar a definição de qualidade. Em princípio, é necessário separar o período do projeto do período de operação e produção do produto ou do serviço, resultado do projeto.

A definição tradicional de qualidade em projetos está estruturada nas dimensões custo, prazo e qualidade, conhecida como "triângulo de ferro". Sendo assim, um projeto que não se distanciasse demasiadamente do orçamento inicialmente planejado, cumprisse o cronograma e fizesse suas entregas, atendendo aos requisitos estabelecidos pelas partes interessadas no projeto, seria considerado um projeto de qualidade e, consequentemente, um projeto de sucesso. Contudo, não há consenso quanto aos critérios para avaliar a qualidade de um projeto, uma vez que podem existir muitas variáveis que afetam o seu sucesso como, por exemplo, o contexto interno da organização e o ambiente externo no qual um projeto é executado.

A definição apresentada anteriormente não considera a operação do produto ou serviço e, por isso, muitas vezes vem sendo criticada por muitos autores em razão de casos históricos de projetos considerados fracassados na visão tradicional, mas considerados de sucesso, se utilizadas outras dimensões para avaliação.

Entre os inúmeros casos de fracasso de projetos na visão tradicional, mas que apresentaram elevado desempenho na etapa de operação, pode-se citar a Ópera de Sidney – Austrália – e a ponte Estaiada, em São Paulo – Brasil. Ambos os projetos ultrapassaram os orçamentos originalmente planejados, bem como os prazos de conclusão, ou seja, sob a ótica tradicional, os dois projetos seriam classificados como fracassados. Contudo, ambos são cartões postais de suas respectivas cidades o que os torna projetos de sucesso, se analisados pela visão do turismo, por exemplo. Dessa forma, a qualidade do projeto e seu sucesso podem ser subjetivos e depender da perspectiva de quem está medindo ou analisando.

Para contornar esse tipo de discussão, duas abordagens alternativas são possíveis:

1. Abordagem 1 – Acrescentar dimensões adicionais aos critérios básicos:
   - lucratividade do produto do projeto (valor comercial);
   - sucesso do negócio (ampliação da vida de produtos existentes; receitas adicionais, manutenção do fluxo de produtos atuais, sucesso comercial ou *market share*);
   - atendimento de expectativas dos clientes ou usuários;
   - alcance de especificações técnicas e operacionais;
   - impactos de longo prazo;
   - abertura de um novo mercado;
   - desenvolvimento de uma nova tecnologia;
   - manutenção de posição estratégica no mercado;
   - satisfação dos participantes do projeto (aprendizado e ganho de experiência técnica e gerencial);
   - desempenho ambiental; e
   - saúde e segurança.

2.   Abordagem 2 – Reduzir a um critério único de avaliação: por exemplo, critério financeiro.

Esta abordagem vê os critérios tradicionais de custo, tempo e qualidade como excessivos e, ao mesmo tempo, incompletos. O excesso é referente ao fator tempo, que seria meramente uma variável na função custo do projeto. Em outras palavras, para uma dada qualidade, existiriam relações entre custo e tempo. Como resultado, tempo não seria uma variável independente e não deveria ser usada como tal para medir a qualidade do projeto.

Os defensores dessa segunda abordagem afirmam que a qualidade seria, apenas e tão somente, um conjunto de características concomitantes de algo. Quando esse "algo" não é especificado, a qualidade deveria ser referida aos resultados do projeto, ou a seu produto, ou, ainda, às atividades de gerenciamento do projeto. Nesse caso, o sucesso ou o fracasso de um projeto deveriam ser igualados aos do produto pretendido e a qualidade seria meramente um aspecto do produto.

## 1.4 OS GURUS DA QUALIDADE

## 1.4.1 William Edwards Deming (14/10/1900 – 20/12/1993)

Deming era um estatístico de formação e um apaixonado pela qualidade. Reunido com os principais empresários e engenheiros japoneses, aprendeu sobre suas vocações e tradições empresariais e ensinou-os a controlar seus negócios, reunindo informações na produção e as interpretando estatisticamente.

Com as lições que aprendeu durante o processo de transferência dos conceitos da qualidade aos japoneses, Deming decidiu formular "programas de melhoria" baseado na tendência de medir e comparar os resultados alcançados.

Apesar de ser estatístico de formação, seu grande legado está relacionado ao gerenciamento da qualidade. Deming foi o grande difusor do Ciclo PDCA (Figura 1.1), também conhecido como Ciclo de Shewhart ou, mesmo, Ciclo de Deming. Finalmente, ele formulou linhas mestras para a prática da qualidade com os "14 pontos" que o tornariam famoso.

O Ciclo PDCA foi introduzido no Japão com o propósito de tornar mais claros e ágeis os processos envolvidos na gestão empresarial. Trata-se de um método de gestão, uma forma de trabalho, que orienta o processo de tomada de decisão para o estabelecimento das metas e dos meios e ações necessários para executá-las e acompanhá-las a fim de garantir a sobrevivência e o crescimento de uma organização. Pode ser utilizado em qualquer empresa, de forma a garantir o sucesso nos negócios, independentemente da área ou departamento.

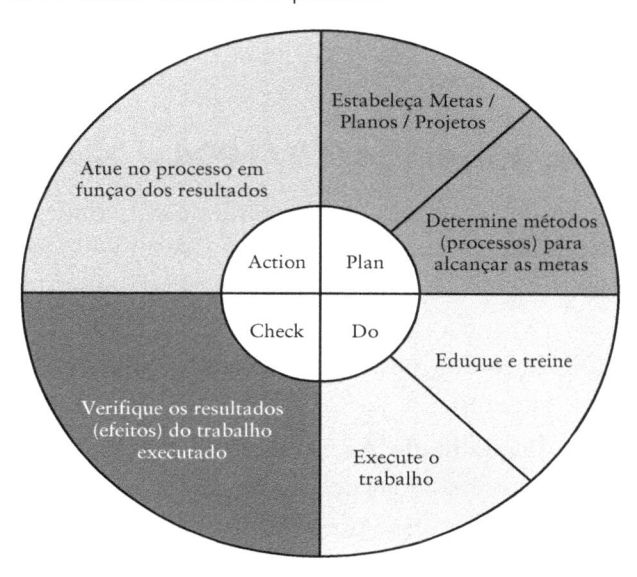

**Figura 1.1** – Ciclo PDCA.

Os 14 princípios de Deming são:

1. Constância de propósitos para melhorar o produto.
2. Adote a nova filosofia.
3. Cesse a dependência da inspeção em massa.
4. Evite comprar apenas pelo menor preço.
5. Melhore sempre o sistema de produção.
6. Institua treinamento para os novos.
7. Adote e institua liderança.
8. Afaste o medo.
9. Rompa as barreiras entre os setores.
10. Elimine slogans e exortações para a mão de obra.
11. Elimine as cotas numéricas para a mão de obra.
12. Remova as barreiras ao orgulho da execução.
13. Estimule a formação de todos.
14. Tome iniciativa e engaje todos na transformação.

Deming, dessa forma, destacava:

- a participação de todos;
- a constância de propósitos de melhorar sempre;
- o orgulho pelas realizações alcançadas;
- o deslocamento do controle do produto para o controle do processo;
- a necessidade do aprendizado e do conhecimento;

- a inutilidade de exortações; e
- a intolerância aos erros.

## 1.4.2 Joseph M. Juran (24/12/1904 – 28/02/2008)

Desenvolveu métodos relativos à engenharia da qualidade. Ficou famoso por ter organizado o livro *Quality control handbook* e desenvolvido sua trilogia. Para Juran, a qualidade é a aptidão para o uso.

De acordo como a Trilogia de Juran (Figura 1.2) a administração para a qualidade se faz com a utilização dos mesmos processos administrativos de planejamento, controle e aperfeiçoamento.

- **Planejamento da qualidade:** é a atividade de desenvolvimento de produtos que atendam às necessidades do cliente.
- **Controle da qualidade:** esse processo é usado pelos grupos operacionais como auxílio para atender aos objetivos do processo e do produto. Consiste em avaliar o desempenho operacional real; comparar o desempenho real com os objetivos e agir com base na diferença.
- **Aperfeiçoamento da qualidade:** tem por objetivo atingir níveis de desempenho sem precedentes – níveis significantemente melhores do que qualquer outro no passado.

| APERFEIÇOAMENTO = MELHORIA | | |
|---|---|---|
| *PLANEJAMENTO DA QUALIDADE* | *CONTROLE DA QUALIDADE* | *MELHORIA DA QUALIDADE* |
| Identificar quem são os clientes | Avaliar o desempenho real | Provar a necessidade da melhoria |
| Determinar as necessidades dos clientes | Comparar o desempenho real com as metas da qualidade | Estabelecer infra-estrutura |
| Estabelecer metas da qualidade | Agir sobre as causas das diferenças | Identificar os projetos de melhoria |
| Desenvolver as características do produto que atendem às necessidades dos clientes | | Prover as equipes com recursos, treinamento e motivação para: |
| Desenvolver processos capazes | | • diagnosticar as causas |
| Estabelecer controles do processo | | • estimular a inibição das causas |
| | | • estabelecer formas de impedir retrocessos |

**Figura 1.2** – Trilogia de Juran.

A aplicação da Trilogia de Juran está representada na Figura 2.3. O processo, inicialmente instável e fora de controle, após passar pelas etapas de planejamento e melhoria, tornou-se um processo estável e sob controle. Foram eliminadas as causas especiais de variação e as causas comuns foram mantidas sob controle.

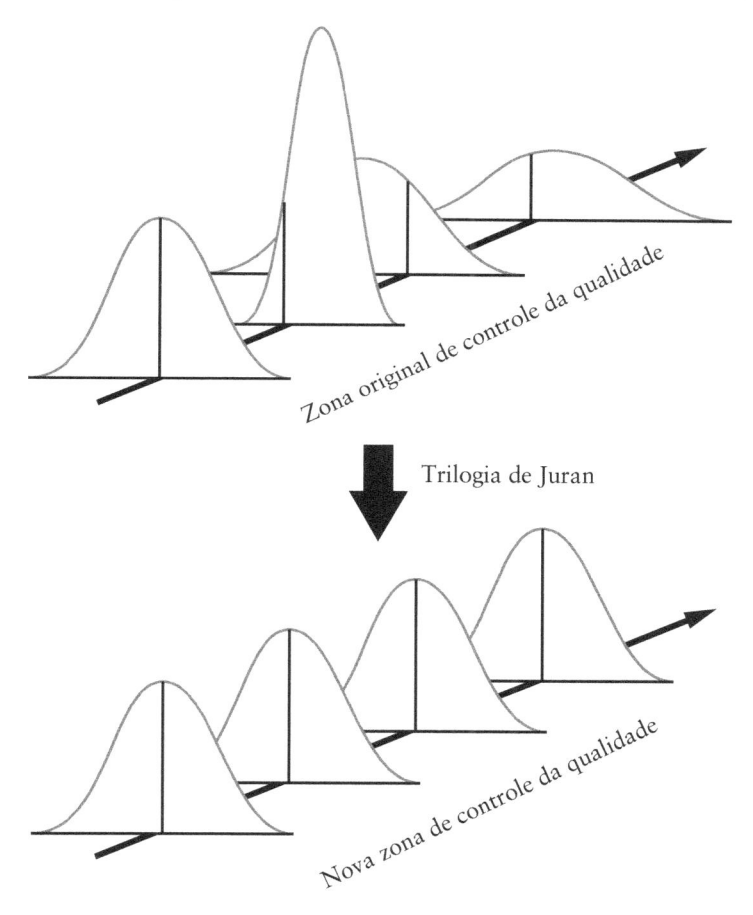

**Figura 1.3** – A aplicação da trilogia de Juran.

Juran, dessa forma, destacava:

- a trilogia proposta, compatível com o ciclo PDCA;
- o conceito de rupturas;
- a melhoria por meio de equipes e de projetos; e
- a importância da priorização (Diagrama de Pareto).

## 1.4.3 Kaoru Ishikawa (13/07/1915 – 16/04/1989)

Kaoru Ishikawa foi um dos grandes mestres da escola japonesa da qualidade e desenvolveu as "Sete Ferramentas Básicas da Qualidade", as quais considerou que qualquer trabalhador pudesse utilizar; são elas: coleta de dados/estratificação; Diagrama de Pareto; Diagrama de Causa e Efeito; histogramas; gráficos de dispersão; fluxogramas e cartas de controle. Para Ishikawa: "A gestão da qualidade consiste em desenvolver, criar e fabricar mercadorias mais econômicas, úteis e satisfatórias para o comprador".

Ishikawa, dessa forma, destacava:

- a melhoria contínua (ciclos PDCA e SDCA);
- a solução de problemas com o emprego das ferramentas da qualidade; e
- a visão de processos por meio das relações de causa e efeito.

## 1.4.4 Philip Crosby (18/06/1926 – 18/08/2001)

Crosby é um dos pioneiros dos processos de melhoria de qualidade nos Estados Unidos, ao lado de Juran e Deming. Ele se preocupava mais com o gerenciamento, e a ele são atribuídos os conceitos de "zero defeito" e "qualidade como conformidade com os requisitos". Crosby procura enfatizar a importância dada à especificação por parte do cliente: "Qualidade significa ir ao encontro das exigências". Em seu livro, publicado em 1980, *Quality is free*, Crosby destaca os custos da não qualidade. Entre um erro evitado, por meio da prevenção, eliminando-se um mau  componente no momento da fabricação, e um erro identificado quando o produto já se encontra nas mãos do cliente, a relação de custo pode ser de 1 para 1.000.

Crosby, dessa forma, evidenciava:

- a importância do argumento dos custos para motivar os dirigentes das empresas; e
- o aprimoramento dos processos, de modo a inibir a ocorrência de erros.

## 1.4.5 Armand V. Feigenbaum (nascido em 1920)

É o responsável pela introdução do termo Controle de Qualidade Total (TQC) nos Estados Unidos. Em suas obras, explica que os programas de qualidade não devem ser aplicados como uma nova "moda", ou uma nova tentativa da alta gerência, pois, dessa forma, desaparecerão na mesma velocidade, assim que as primeiras dificuldades aparecerem. E acrescenta que, para uma efetiva qualidade, é fundamental ter o comprometimento de toda a organização.

Feigenbaum, dessa forma, destacava:

- que na qualidade total o principal foco deve ser a excelência e não os erros;
-  a qualidade é uma ferramenta da gestão estratégica;
- a qualidade total afeta toda a organização; e
- o sistema de garantia da qualidade.

# 1.4.6 David A. Garvin

Garvin propôs as dimensões da qualidade em manufatura. A ideia das dimensões é a de desdobrar a qualidade dos produtos em requisitos que permitam sua avaliação. As dimensões da qualidade são:

- Performance/Desempenho como atributo primário do produto.
- Características/Atributos secundários do produto.
- Confiabilidade (por exemplo, o tempo médio entre falhas e a taxa de falhas por unidade de tempo).
- Conformidade (cumprimento de especificações ou grau de variabilidade em torno de uma dimensão estabelecida como meta).
- Durabilidade (vida útil do produto).
- Serviços (pré-venda, pós-venda, assistência técnica).
- Elementos intangíveis/estética (aspectos sensoriais).
- Qualidade percebida (avaliação subjetiva/imagem da marca).

As dimensões da qualidade podem ser classificadas, segundo a percepção dos clientes, em fatores qualificadores ou fatores ganhadores de pedido.

- **Fatores qualificadores:** requisitos esperados percebidos pelo cliente como mandatórios para considerar uma possível opção de compra.
- **Fatores ganhadores de pedido:** requisitos que são percebidos pelo cliente como diferenciais positivos que encantam e, portanto, podem determinar uma possível decisão de compra.

Ao longo do tempo, à medida que os clientes se tornam mais exigentes e a concorrência realiza novas ofertas, algumas dimensões podem passar do *status* de ganhadores de pedido para o *status* de qualificadores.

Isto significa que planejamento estratégico sistemático e liderança são necessários para assegurar que se tenha atualizada a avaliação da percepção das dimensões da qualidade pelo cliente, a fim de que a organização possa definir estratégias, recursos e projetos adequados para alcançar, de forma eficaz e eficiente, a satisfação dos seus clientes.

A partir das diversas definições de qualidade existentes na literatura, David Garvin identificou cinco enfoques diferentes sobre o conceito de qualidade, os quais chamou de abordagens. Essas abordagens não são excludentes, elas se complementam. As cinco abordagens da qualidade são:

1. Abordagem transcendental: qualidade é sinônimo de excelência inata.
2. Abordagem baseada na manufatura: qualidade é atender às especificações do projeto.
3. Abordagem baseada no usuário: qualidade com adequação ao uso, adequação às especificações do consumidor.

4. Abordagem baseada no produto: qualidade como um conjunto mensurável e preciso de características do produto, necessárias para satisfazer o consumidor.

5. Abordagem baseada no valor: qualidade definida em termos de custos e preço do produto.

Em outras palavras, uma maneira de conciliar as diferentes abordagens de qualidade de Garvin é considerá-las como consistente conformidade com as expectativas dos consumidores. Embora essa definição seja muito genérica, podemos considerá-la interessante para explicar o conceito de qualidade percebida pelo consumidor e sua relação com o conceito de satisfação do cliente.

**Quadro 1.2** – Gurus da qualidade – principais legados

| Deming e Ishikawa | Melhoria contínua; Ciclo de Deming (PDCA). |
|---|---|
| Juran | Trilogia; Visão do fornecedor: conformidade com as especificações; Visão do cliente: adequação ao uso. |
| Crosby | Qualidade como conformidade com os requisitos; Qualidade como resultado da prevenção. |

**Quadro 1.3** – Gurus da qualidade – quadro comparativo

| Aspectos | Deming | Juran | Crosby |
|---|---|---|---|
| Conceito de qualidade | Melhoria Contínua | Adequação ao Uso | Conformidade aos requisitos |
| Para que tipo de organização | Empresas orientadas à Produção | Empresas orientadas à tecnologia | Empresas centradas em pessoas |
| Impacto maior | Executantes | Gerência | Executantes |
| Ênfase | Ferramentas/ Sistemas | Medição | Motivação |
| Ferramentas indicadas | CEP | Analíticas e Custo da Qualidade | Nenhum destaque |
| Utilização de metas e alvos | Abominada | Utilização para projetos de inovação | Metas para trabalhadores |

# 1.5 FOCALIZANDO A QUALIDADE DO PRODUTO

A tendência atual é tratar produtos e serviços como elementos de um todo único, componentes de um mesmo pacote, no qual podem predominar características do serviço (mais intangíveis) ou de produtos (mais tangíveis). Quando os clientes compram um produto não só estão interessados nas suas características tangíveis físicas, mas também nos serviços oferecidos com o próprio produto (serviços pós-venda, por exemplo). Se a fonte do benefício essencial de um produto é mais tangível, ele é considerado uma mercadoria. Caso o benefício essencial seja mais intangível, trata-se de um serviço.

Noriaki Kano apresentou uma proposta diferente em que o cliente vê um produto como um conjunto de características, conforme ilustrado na Figura 1.4. Um conceito corrente em relação à qualidade de um produto é que, quanto menos funcional (presença física de funções) fosse um produto, menos satisfeito estaria o cliente, ao passo que, quanto mais funcional, mais satisfeito estaria o cliente. Portanto, a reta que separa os quadrantes inferior esquerdo e superior direito deveria dividir a relação entre satisfação e funcionalidade de um produto com relação unidimensional. Todavia, ele afirma que isso não é verdade.

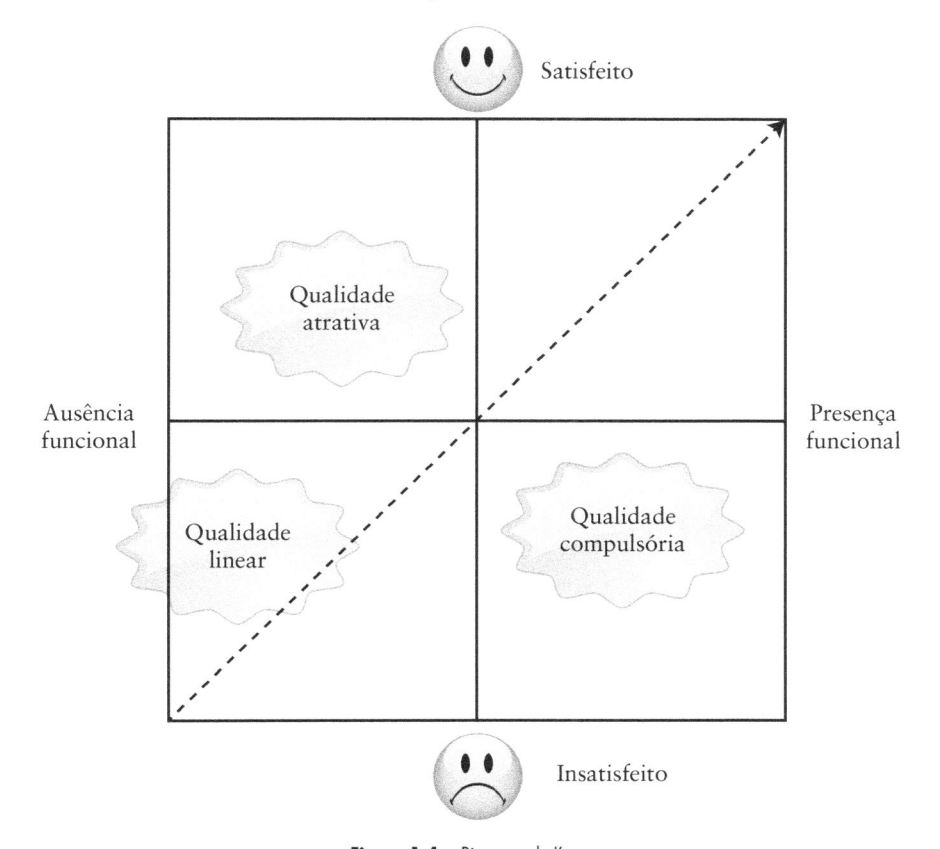

**Figura 1.4** – Diagrama de Kano.

Seguindo o raciocínio de Kano, conclui-se que a curva da qualidade obrigatória (compulsória) apresenta situações em que o cliente pode ficar mais insatisfeito quando faltam as características de funcionalidade. Contudo, isso não significa que o cliente ficará mais satisfeito quando essas características estiverem presentes. Por sua vez, a curva da qualidade atrativa mostra que um cliente estará mais satisfeito quando um produto é mais completo e mais funcional. Porém, não significa que ele estará menos satisfeito no caso de o produto não oferecer essas características.

Concluindo temos que:

- A qualidade linear ou unidirecional representa os itens que trazem maior satisfação aos clientes, à medida que o nível de desempenho do produto aumenta, ou seja, aumentando o desempenho, aumenta a satisfação e vice-versa.
- A qualidade compulsória ou óbvia representa requisitos considerados básicos para o cliente, ou seja, sua presença não traz nenhum aumento de satisfação do cliente, contudo, sua ausência gera insatisfação.
- A qualidade atrativa representa os itens que, mesmo ausentes, não causam nenhum aumento à insatisfação do cliente, entretanto, a introdução ou presença desses itens causa surpresa ou encantamento.

Todavia, existem ainda duas classificações para a percepção da satisfação do cliente, as quais não aparecem no Diagrama de Kano, mas foram também elaboradas pelo autor:

- Qualidade indiferente: diz respeito a itens de um produto ou serviço que, se estiverem presentes, não causarão nem satisfação nem insatisfação e, se estiverem ausentes, também causarão indiferença no cliente;
- Qualidade reversa: os elementos da qualidade reversa provocam insatisfação, apesar de sua insuficiência, ou oferecem satisfação, mesmo que insuficientes/ausentes. Esse tipo de correlação ocorre, por exemplo, quando o cliente, apesar de todo o empenho do fabricante do produto, continua insatisfeito com o desempenho.

# REFERÊNCIAS BIBLIOGRÁFICAS

CROSBY, P. B. *Quality is free*: the art of making quality certain. New York: McGraw-Hill, 1979.

_____. *Quality without tears*: the art of hassle-free management. New York: McGraw-Hill, 1984.

DEMING, W. Edwards. *Out of the crisis*: quality, productivity and competitive position. Cambridge: Cambridge University Press, 1986.

_____. *Qualidade*: a revolução da administração. Rio de Janeiro: Marques Saraiva, 1990.

FEIGENBAUM, A.V. *Controle da qualidade total*. São Paulo: Makron, 1994.

GARVIN, D. A. *Gerenciando a qualidade*. Rio de Janeiro: Ed. Qualitymark, 1992.

GRYNA, F. M.; JURAN, J.M. *Juran's Quality Handbook*. New York: McGraw-Hill, 5 th Edition, 1998.

ISHIKAWA, K. *Guide to quality control*. Tokyo: Asian Productivity Organization, 1982.

_____. *TQC, total quality control*: estratégia e administração da qualidade. São Paulo: IM&C International Sistemas Educativos, 1986.

_____. *What is total quality control?* The japanese way. New York: Prentice Hall, 1985.

JURAN, J. M. *Managerial breakthrough*: a new concept of the manager's job. New York: McGraw-Hill, 1964.

JURAN, J. M; GODFREY, A. B. *Juran's quality handbook*. 5. ed., McGraw Hill, 1999.

PIZDEK, T. *Handbook of quality management*. 3. ed. New York: McGraw Hill, 2012.

SHIBA, S.; GRAHAM, A.; WALDEN, D. TQM: *quatro revoluções na gestão da qualidade*. Porto Alegre: Bookman, 1997.

SPEEGLE, M. *Quality concepts for the process industry*. 3. ed. New York: Cengage Learning, 2010.

TAGUCHI, G. *Introduction to Quality Engineering*: Designing Quality Into Products and Processes. White Plains, NY: Unipub/Kraus, 1986.

# FERRAMENTAS BÁSICAS DA QUALIDADE

As ferramentas básicas da qualidade, também conhecidas como "7 velhas ferramentas da qualidade", foram propostas por Kaoru Ishikawa. Existem mais de sete ferramentas da qualidade, uma vez que há variações de uma mesma ferramenta. No Japão, o número sete apresentou um caráter motivacional para a utilização das ferramentas, em alusão às sete ferramentas utilizadas pelos Samurais em suas batalhas. São elas:

1.   Coleta de dados/estratificação.
2.   Fluxograma.
3.   Diagrama de Causa e Efeito.
4.   Histograma.
5.   Diagrama de Pareto.
6.   Diagrama de dispersão.
7.   Gráficos de Controle.

## 2.1 COLETA DE DADOS/ESTRATIFICAÇÃO

A coleta de dados corresponde a um processo que permite a obtenção de dados que, por meio de uma metodologia de análise específica, muitas vezes valendo-se de técnicas estatísticas, fornecem bases factuais/evidências concretas para a tomada de decisão.

Quando se realiza uma coleta de dados confiável, em que os dados podem ser traduzidos em informações relevantes, tem-se a oportunidade de olhar a situação em análise com maior profundidade e realismo. Desaparece toda e qualquer suposição baseada em princípios desconhecidos ou mesmo duvidosos. O "eu acho que..." não tem vez quando o assunto é qualidade. As decisões devem ser tomadas a partir de bases factuais e concretas.

> **POR QUE COLETAMOS DADOS?**
> **PARA TOMARMOS DECISÕES BASEADAS EM FATOS – EVIDÊNCIAS!**

Para planejar o processo de coleta de dados e possibilitar a elaboração de uma folha de verificação ou quadro demonstrativo apropriado, é preciso compreender os princípios básicos da geração de informações. O Ciclo PDCA orienta, por meio das cinco etapas características indicadas na coluna direita no Quadro 2.1, uma coleta de dados racional:

**Quadro 2.1** – O ciclo PDCA e a coleta de dados

| Etapa do ciclo | Etapas da coleta de dados |
|---|---|
| P | 1. Determine quais são as necessidades de informações. <br> 2. Formule as questões que traduzem de forma clara e explícita o que se deseja obter. <br> 3. Organize a coleta de dados para obter as respostas às perguntas formuladas. |
| D | 4. Realize a coleta de dados e compartilhe os resultados com todos os envolvidos. |
| C e A | 5. Avalie as informações obtidas e estabeleça as conclusões e próximas ações. |

Para conduzir com êxito a coleta de dados é preciso, portanto:

- Definir o objetivo da coleta de dados.
- Formular as perguntas corretas.
- Definir a quantidade e o tamanho da amostra de dados.
- Definir os pontos para a coleta dos dados.
- Elaborar o demonstrativo e suas instruções para o registro da coleta de dados.
- Determinar a frequência para a coleta de dados.
- Definir a responsabilidade pela coleta de dados e treinar os responsáveis.
- Conduzir/realizar a coleta de dados.

## 2.1.1 Estratificação

A estratificação consiste em um processo que permite separar, criteriosamente, o conjunto de dados em categorias ou grupos mais específicos, fornecendo condições para uma análise mais detalhada e pormenorizada dos vários aspectos ou variáveis relacionados a uma situação. A estratificação evita erros na tomada de decisão, normalmente gerados por dados coletados de forma agregada, em que há misturas de dados provenientes de diferentes situações ou fontes.

Estratificar significa desdobrar, classificar, organizar os dados em categorias ou grupos que representem fatores críticos para a compreensão e interpretação da situação em estudo. No ambiente de manufatura, destacam-se como fatores típicos de estratificação:

- Tempo – períodos de tempo (turno, dia, mês,...).
- Operador – idade, experiência, formação, sexo.
- Máquina/equipamento e tecnologia – modelo, fornecedor/fabricante, tipo, anos de utilização.
- Processo e método – condições de operação (temperatura, pressão, velocidade, método/processo de trabalho).
- Material – fornecedor, composição, lote, prazo de validade.
- Medição – instrumento de medição, inspetor.

A riqueza das informações apresentadas em um quadro demonstrativo e das análises decorrentes de sua interpretação são influenciadas, de forma muito significativa, pela qualidade do processo de coleta de dados e estratificação, o que resulta na necessidade de trabalhar adequadamente na geração da "matéria-prima" que alimentará todo o processo de análise e solução de problemas.

O processo de tomada de decisão depende muito dos dados de entrada. Dados mal coletados conduzião à construção de um quadro distorcido da situação real, gerando interpretações inadequadas e a formulação de ações incoerentes.

A coleta de dados estratificada corresponde à montagem de um quebra-cabeça: é possível retratar, de maneira muito evidente, qual a contribuição de cada uma das partes na composição do quadro da situação real.

## 2.2 FLUXOGRAMA

O fluxograma é uma ferramenta essencial em qualquer programa da qualidade ou processo de melhoria da qualidade de produtos ou serviços. Trata-se de uma ferramenta muito útil para registrar o fluxo de produção de um produto ou o fluxo de prestação de um serviço adotando uma "linguagem comum/linguagem universal" para fins de aprendizagem, comunicação/diálogo e busca de oportunidades de melhoria.

O fluxograma exibe, de forma sistêmica, o retrato atual da forma de execução de um processo, incluindo as responsabilidades pelas atividades, permitindo compará-lo com o projeto do processo idealmente planejado e desejado. Além disso, fornece evidências concretas e objetivas de vulnerabilidades e fontes de deficiências do processo, viabilizando a realização de análises críticas e auditorias da adequação do processo em busca de oportunidades de melhoria.

Qualquer processo empresarial, seja ele um processo de negócio ou um processo de suporte, pode ser registrado por meio de um fluxograma. A simbologia adotada não apresenta um padrão global, sendo normalmente responsabilidade da função qualidade da empresa definir uma simbologia que melhor retrate a empresa, seus processos, sua linguagem e sua cultura. Os símbolos clássicos presentes em um fluxograma estão representados na Figura 2.1.

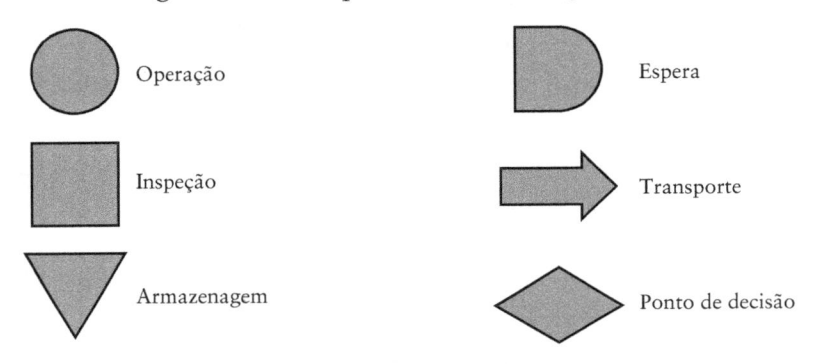

**Figura 2.1** – Simbologia clássica de um fluxograma.

São pontos fundamentais na preparação de um fluxograma de processo:

- participação de todos os envolvidos no processo;
- obtenção de particularidades por meio de perguntas que permitam saber:
  - O que acontece primeiro?
  - De onde vem o material ou informação?
  - Como o material chega até o local de processamento?
  - Em que ponto são tomadas decisões?
  - Para onde vai o produto/serviço dessa operação?
  - Que controles são feitos durante a produção de um produto ou a prestação de um serviço?

A simbologia apresentada anteriormente propiciou a criação de um dos principais indicadores utilizados em operações industriais: o indicador de eficiência de fluxo. Esse indicador evidencia que um processo eficiente é aquele que apresenta apenas operações, com o menor número dos demais símbolos, ou seja, somente atividades operacionais agregam valor às entradas e, portanto, os demais tipos de atividades deveriam ser excluídos do processo.

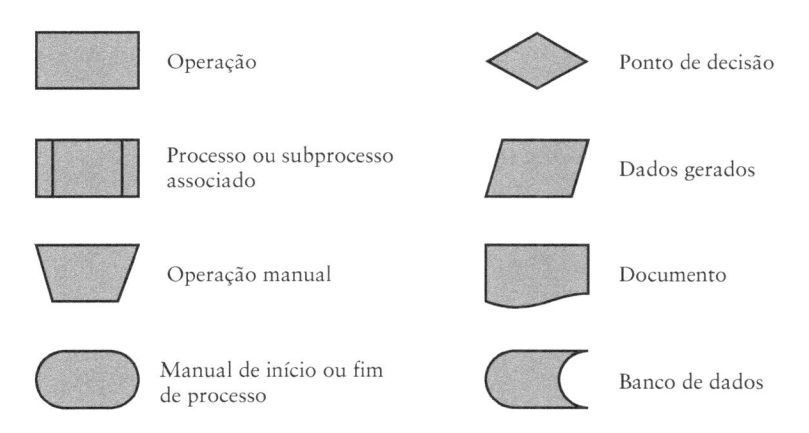

Curiosidade: este indicador pode ter sido o embrião de alguns dos mais famosos programas de qualidade japoneses. Por exemplo, para eliminar o excesso de armazenagem (matéria-prima, produto semiacabado e produto acabado) e transporte, foram desenvolvidos o Just in Time e o Kanban. Para eliminar a inspeção em massa, passaram-se a utilizar técnicas de amostragem estatística e o CEP (controle estatístico de processo). Para reduzir as esperas, sobretudo aquelas referentes à paradas não programadas para manutenção corretiva do equipamento e setup, foi desenvolvido o TPM (Total Productive Maintenance) e as políticas de manutenção.

Outras simbologias atualmente utilizadas para a construção de um fluxograma em ambientes de serviço ou administrativo estão representadas na Figura 2.2.

Figura 2.2 – Outros símbolos utilizados em fluxogramas.

## 2.3 DIAGRAMA DE PARETO

No final do século XIX, por volta dos anos 1897, Vilfredo Pareto, um cientista econômico italiano, realizou estudos e desenvolveu modelos para descrever a distribuição desigual das riquezas em seu país. Sua conclusão foi que 20% da população (poucos, mas vitais) detinha cerca de 80% da arrecadação, enquanto para os outros 80% da população (muitos e triviais) restavam, apenas, 20% da arrecadação. Essa assertiva ficou conhecida como o Princípio de Pareto, também denominado de Regra do 80-20. Em outras áreas de estudo, o Diagrama de Pareto é conhecido como Curva ABC.

O Diagrama de Pareto corresponde a uma abordagem estatística que permite, por meio de uma representação gráfica específica, a identificação dos aspectos prioritários relacionados à situação em análise. Trata-se, portanto, de uma ferramenta para priorização das ações ou esforços. O Princípio de Pareto pode ser traduzido na seguinte frase: "identifique entre os muitos triviais os poucos vitais". Juran foi um grande defensor da utilização do princípio de Pareto na área da qualidade, visando a priorização das ações de melhoria nas organizações, chegando ao ponto de os norte-americanos chamarem essa aplicação de Princípio de Juran.

O Diagrama, Princípio ou Gráfico de Pareto pode ser utilizado nas seguintes situações:

- Definição de projetos de melhoria:
  - identificação das principais fontes de custo;
  - identificação das principais causas que afetam um processo;
  - identificação das principais categorias de reclamações de clientes;
  - identificação das principais causas de não conformidades no processo.

- Análise de custo de projetos:
  - identificação da distribuição de recursos por projetos;
  - identificação de áreas prioritárias para investimento.

- Análise de um almoxarifado:
  - identificação dos materiais que representam maior valor monetário em estoque;
  - identificação dos materiais que ocupam maior volume nas instalações.

Na construção do Diagrama de Pareto é importante seguir as seguintes etapas:

- identificar o problema ou oportunidade que se deseja retratar por meio do Diagrama de Pareto;
- quantificar os valores de cada categoria;
- listar as categorias em ordem decrescente do número de ocorrências (frequência absoluta);
- calcular a frequência relativa e acumulada para cada categoria;
- construir um Gráfico de Coluna, indicando a frequência absoluta e o número de ocorrências de cada uma das categorias (eixo da esquerda);
- construir um Gráfico de Linha indicando a frequência acumulada à medida que novas categorias vão sendo agrupadas em busca das áreas prioritárias para análise e atuação (eixo da direita).

## 2.3.1 Diagrama de Pareto: um exemplo de utilização

Uma empresa do setor têxtil coletou dados de paradas de equipamentos durante determinado mês do ano. Os dados, por categoria de parada de máquina, estão apresentados no Quadro 2.2.

**Quadro 2.2** – Horas de paradas de equipamentos por categoria

| Categoria | Quantidade de horas |
|---|---|
| Manutenção corretiva | 24 |
| Troca de ferramentas | 15 |
| Carga e descarga | 9 |
| Manutenção preventiva | 6 |
| Testes de engenharia | 3 |
| Falta de matéria-prima | 1 |
| Falta de programa | 1 |
| Falta de energia elétrica | 1 |
| Total | 60 |

Para a elaboração do Diagrama de Pareto, deve-se calcular, na sequência, a frequência relativa e a acumulada de cada categoria, conforme representado no Quadro 2.3.

**Quadro 2.3** – Frequências relativa e acumulada das categorias de paradas

| Categoria | Quantidade de horas | Frequência relativa | Frequência acumulada |
|---|---|---|---|
| Manutenção corretiva | 24 | 40,0% | 40,0% |
| Troca de ferramentas | 15 | 25,0% | 65,0% |
| Carga e descarga | 9 | 15,0% | 80,0% |
| Manutenção preventiva | 6 | 10,0% | 90,0% |
| Outros | 6 | 10,0% | 100,0% |
| Total | 60 | 100% | — |

Deve-se observar que quatro categorias (testes de engenharia, falta de matéria-prima, falta de programa e falta de energia elétrica) foram agrupadas na categoria outros. Existe uma boa prática, para esta simplificação: a quantidade de elementos na categoria "outros" não pode ser superior à quantidade de elementos da próxima categoria. Figura 2.3 ilustra o Diagrama de Pareto.

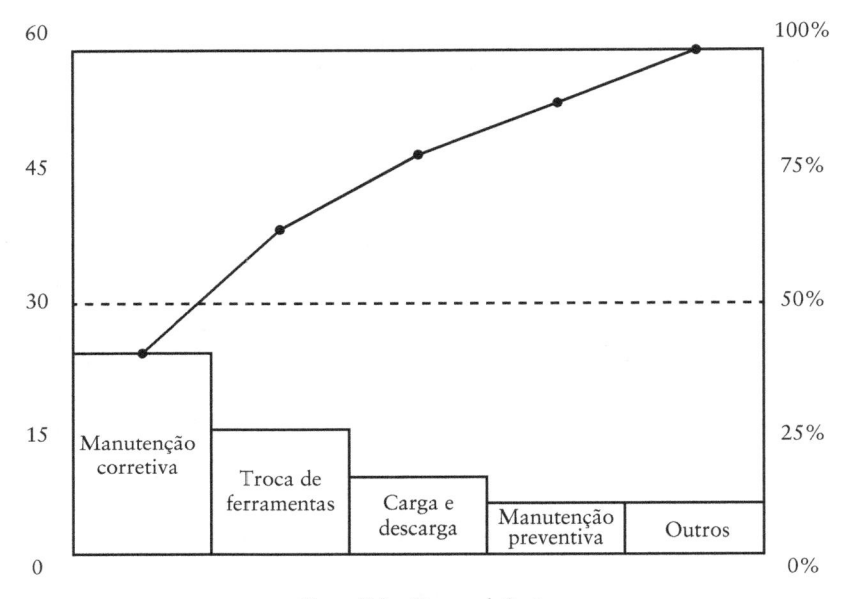

**Figura 2.3** – Diagrama de Pareto.

## 2.4 DIAGRAMA DE CAUSA E EFEITO

O Diagrama de Causa e Efeito, também conhecido como Diagrama Espinha de Peixe, em razão de seu formato, ou Diagrama de Ishikawa, por se atribuir a Kaoru Ishikawa sua autoria e proposição, corresponde a uma representação gráfica que permite a organização das informações, possibilitando a identificação das possíveis causas de um determinado problema ou efeito.

Sua aplicação, inicialmente, se deu na metodologia de solução de problemas em ambientes de manufatura, mas hoje esse diagrama é empregado em qualquer situação em que ocorram relacionamentos de causa e efeito entre variáveis, em qualquer área de uma empresa.

A primeira versão do Diagrama de Causa e Efeito buscava agrupar as várias causas de problemas nos agrupamentos clássicos ("famílias de causa") conhecidos como 4Ms (Máquinas, Método, Materiais e Mão de Obra). Com o passar do tempo, percebeu-se que havia mais duas famílias importantes de causas de problema, surgindo os 6Ms, conforme apresentado na Figura 2.4.

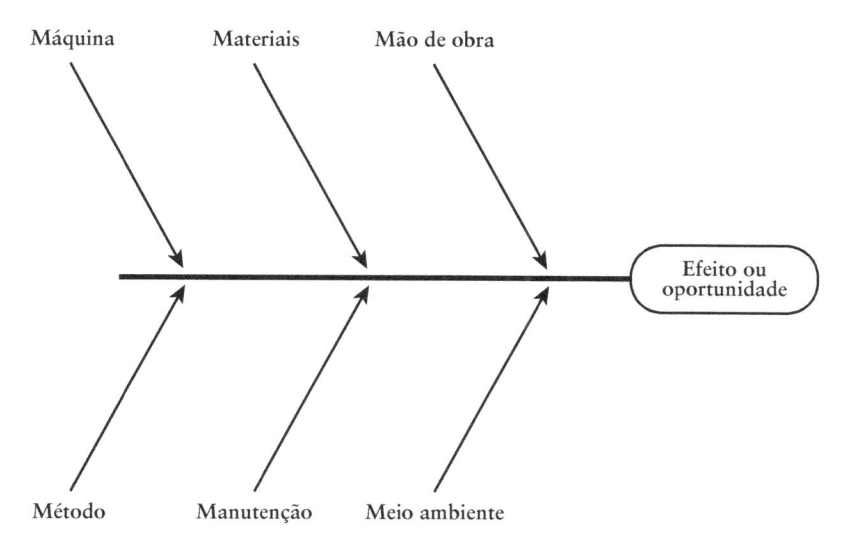

**Figura 2.4** – Os 6 Ms do Diagrama de Causa e Efeito.

Na construção da estrutura do Diagrama de Causa e Efeito, principalmente para equipes que ainda estão se familiarizando com o diagrama, é comum utilizar a técnica do *brainstorming*. Não é recomendado qualquer tipo de intervenção ou críticas às ideias e comentários dos participantes da sessão. Após todos terem participado e contribuído com suas informações é que será realizado o filtro das ideias pelo próprio grupo.

## 2.4.1 Diagrama de Causa e Efeito – construção

Para conduzir com êxito a construção do Diagrama de Causa e Efeito é importante seguir as seguintes etapas:

- Definir o efeito, sintoma ou oportunidade que se deseja analisar e estudar.
- Identificar o conjunto principal das possíveis famílias de causas.
- Preparar a estrutura do Diagrama de Causa e Efeito.
- Efetuar o arranjo das famílias de causa sobre a espinha de peixe.
- Aprofundar a análise das causas, realizando um desdobramento das famílias de causas, se necessário.
- Revisar todo o diagrama para verificar se as causas mais relevantes foram registradas.
- Analisar, discutir e encontrar as prováveis causas-raiz ou causas principais do efeito que está sendo estudado. Para a orientação da equipe que utiliza o Diagrama de Causa e Efeito, quanto ao momento de cessar o desdobramento das causas, deve-se ressaltar três características básicas das causas-raiz ou causas principais:

- é diretamente controlável;
- está objetivamente relacionada ao problema em estudo; e
- sua eliminação implicará o desaparecimento ou redução do efeito.

## 2.5 GRÁFICO DE CORRELAÇÃO

O Gráfico de Correlação, também conhecido como Gráfico de Dispersão, Análise de Tendência ou Regressão Linear, é uma ferramenta gráfica de análise que permite verificar a existência ou não de relação entre duas variáveis de natureza quantitativa, ou seja, variáveis que podem ser medidas ou contadas, tais como: velocidade, tamanho do lote, horas de treinamento, pressão, temperatura e tempo, entre outras.

O Gráfico de Correlação é o instrumento ideal para estudar a natureza (correlação positiva ou correlação negativa) e o grau de intensidade (forte, fraca ou não existente) da relação entre uma variável explicativa (X), denominada variável independente, e uma variável resposta (Y), denominada variável dependente, cujo comportamento se deseja prever e monitorar.

### 2.5.1 Como se prepara um Gráfico de Correlação – um exemplo de utilização

Para aplicar a ferramenta e preparar a representação gráfica é necessário:

- Coletar, no mínimo, 20 pares relacionados de dados (X; Y) e registrá-los em uma tabela.
- Traçar eixos perpendiculares:
  - eixo horizontal: escala adequada para a variável X;
  - eixo vertical: escala adequada para a variável Y.
- Inserir os pontos correspondentes aos pares de dados tabelados nos eixos X e Y.
- Realizar a análise numérica dos dados de forma a calcular o grau de correlação entre as variáveis e estimar uma reta de regressão.
- Cálculo do Coeficiente de Correlação (Coeficiente de Pearson – r):

$$r = \frac{S_{XY}}{\sqrt{S_{XX} * S_{YY}}}$$

Onde:

$$S_{XY} = \Sigma x_i * y_i - \frac{(\Sigma x_i) * (\Sigma y_i)}{n}$$

$$S_{XX} = \Sigma x_i^2 - \frac{(\Sigma x_i)^2}{n}$$

$$S_{YY} = \Sigma y_i^2 - \frac{(\Sigma y_i)^2}{n}$$

A utilização das equações anteriores consiste na aplicação do princípio da máxima verossimilhança. Nas condições admitidas, leva ao chamado método dos mínimos quadrados. Dessa forma, a reta a ser calculada será aquela que torna mínima a soma dos quadrados das distâncias da reta aos pontos do gráfico de dispersão dos pares relacionados de dados X e Y.

Conclusão:

- Se r próximo de +1, existe forte correlação positiva
- Se r próximo de –1, existe forte correlação negativa

Após o cálculo do coeficiente de correlação, é possível estimar a Reta de Regressão para os casos em que foram observadas correlações fortes:

Reta de Regressão:

$$Y = aX + b$$

Onde:

$$a = \frac{S_{xy}}{S_{xx}}$$

$$b = \overline{Y} - a\overline{X}$$

$\overline{Y}$ = média dos valores de Y

$\overline{X}$ = média dos valores de X

## 2.5.2 Gráfico de Correlação – exemplo de utilização

Os dados do Quadro 2.4 relacionam a quantidade de recursos humanos empregados em um projeto de TI com a quantidade de dias para execução de um determinado pacote de atividades do projeto.

**Quadro 2.4** – Recursos humanos empregados e a quantidade de dias para execução das atividades do projeto

| Quantidade de pessoas | 6 | 7 | 8 | 9 | 10 |
|---|---|---|---|---|---|
| | 4,62 | 4,12 | 3,21 | 2,86 | 1,83 |
| **Tempo para finalizar o pacote de atividades (dias)** | 4,5 | 3,88 | 3,05 | 2,53 | 2,02 |
| | 4,43 | 4,01 | 3,16 | 2,71 | 2,24 |
| | 4,81 | 3,67 | 3,3 | 2,62 | 1,95 |

Qual a sua conclusão? Se eu precisar realizar esse pacote de atividades em 4,5 dias, quantos recursos precisarei alocar?

O gráfico de dispersão, apresentado na Figura 2.5, ilustra a tendência de redução do prazo para finalizar o pacote de atividades do projeto, em função da quantidade de recursos empregados.

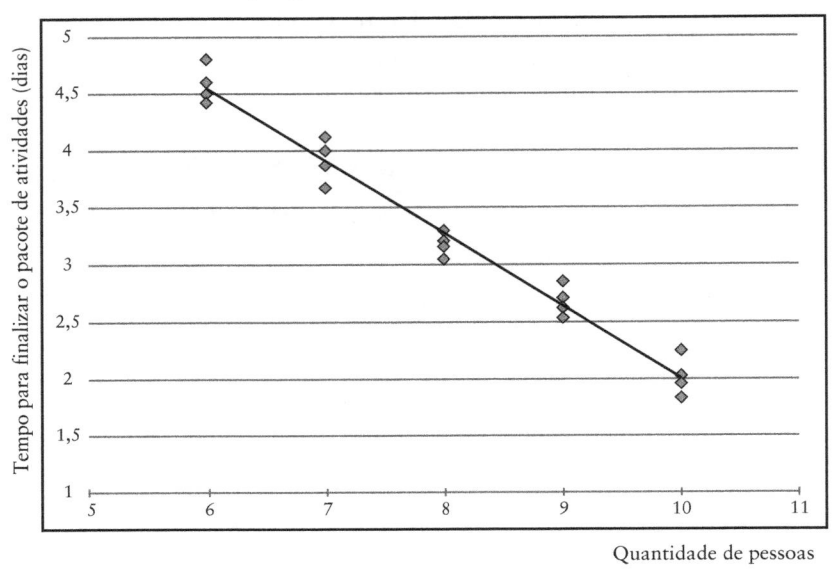

**Figura 2.5** – Diagrama de dispersão.

Para o cálculo da equação da reta de tendência (regressão linear), deve-se obter os seguintes parâmetros:

$$S_{XY} = \Sigma x_i * y_i - \frac{(\Sigma x_i) * (\Sigma y_i)}{n} = 498,56 - \frac{10.483,2}{20} = -25,6$$

$$S_{XX} = \Sigma x_i^2 - \frac{(\Sigma x_i)^2}{n} = 1.320 - \frac{25.600}{20} = 40$$

$$S_{YY} = \Sigma y_i^2 - \frac{(\Sigma y_i)^2}{n} = 231,45 - \frac{4.292,87}{20} = 16,81$$

Com isso, é possível se obter o coeficiente de correlação $r$.

$$r = \frac{S_{XY}}{\sqrt{S_{XX} * S_{YY}}} = -0,987$$

Este valor corresponde a uma forte correlação negativa entre as variáveis analisadas, ou seja, para o intervalo em que há informações disponíveis, quanto maior a quantidade de recursos humanos empregados, menor o tempo para a execução do pacote de atividades do projeto.

A seguir, é apresentado o cálculo da equação da reta:

$$Y = a = \frac{S_{xy}}{S_{xx}}X + (\overline{Y} - a\overline{X}) = -0,64X + 8,396$$

## 2.6 HISTOGRAMA

Todo processo está sujeito a variações. A variação ou dispersão é um fenômeno inevitável no resultado de qualquer processo: fabricação, serviço, administração, suprimentos etc. Essas variações se devem a um enorme número de fatores que afetam o processo, sendo praticamente impossível manter todos os fatores em um estado constante o tempo todo. O importante é segredar as causas das variações em dois grandes grupos: causas comuns e causas especiais.

> **A variação devida a causas comuns, também denominadas causas aleatórias, são inevitáveis e inerentes ao processo. Fatalmente, ocorre em qualquer processo, mesmo que a operação seja executada com o uso de matérias-primas e métodos padronizados.**
>
> **Se apenas causas comuns estão presentes, a saída de um processo é estável ao longo do tempo e é previsível (Figura 2.6).**

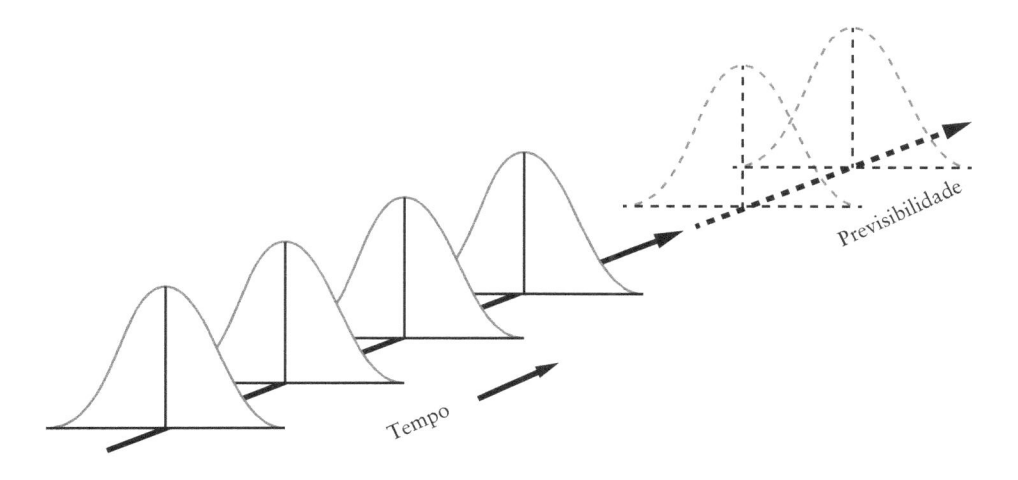

**Figura 2.6** – Processo estável e previsível.

> **A variação devida a causas especiais, também denominadas causas assinaláveis, indica que existem fatores relevantes a serem investigados. São variações que devem ser evitadas e não podem ser negligenciadas: existem casos gerados pelo uso de material inadequado, falta de preparo da mão de obra, não cumprimento de padrões ou aplicação de padrões inadequados.**
>
> **Se causas especiais estão presentes, o resultado do processo não é estável ao longo do tempo e não é previsível (Figura 2.7).**

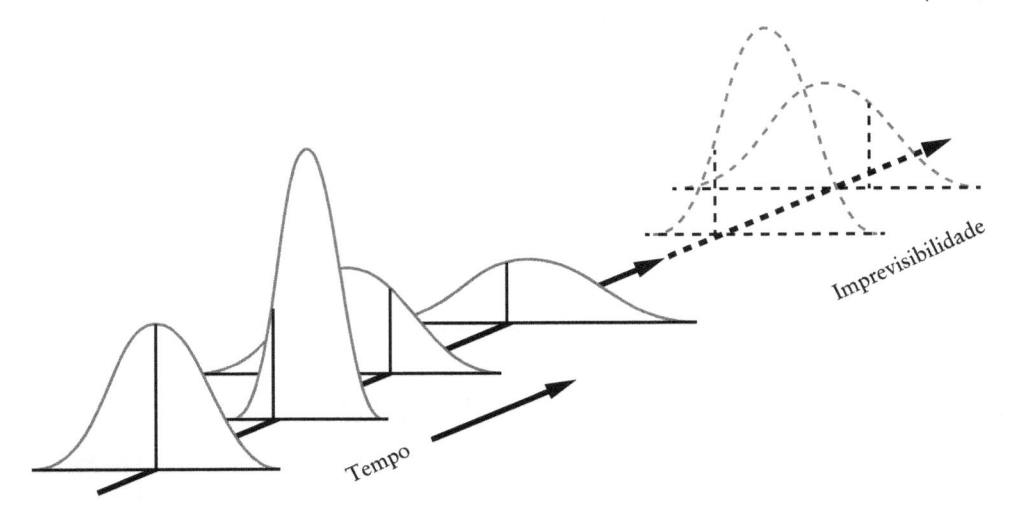

**Figura 2.7** – Processo instável e imprevisível.

É importante observar que variações apresentam padrões. Diferentes fenô-menos apresentam diferentes tipos de variação, mas cada um sempre apresenta um padrão. Observe o caso da altura de meninos e meninas com a idade de dez anos. Sabe-se que a altura da maioria dos meninos e meninas dessa idade está próxima de um valor médio, e que é relativamente difícil encontrar meninos ou meninas extremamente altos ou extremamente baixos. Outro exemplo corresponde à soma, ou subtração, dos valores das faces no lançamento de dois dados. Se forem realizados 36 lançamentos, a distribuição dos valores esperados está apresentada na Figura 2.8.

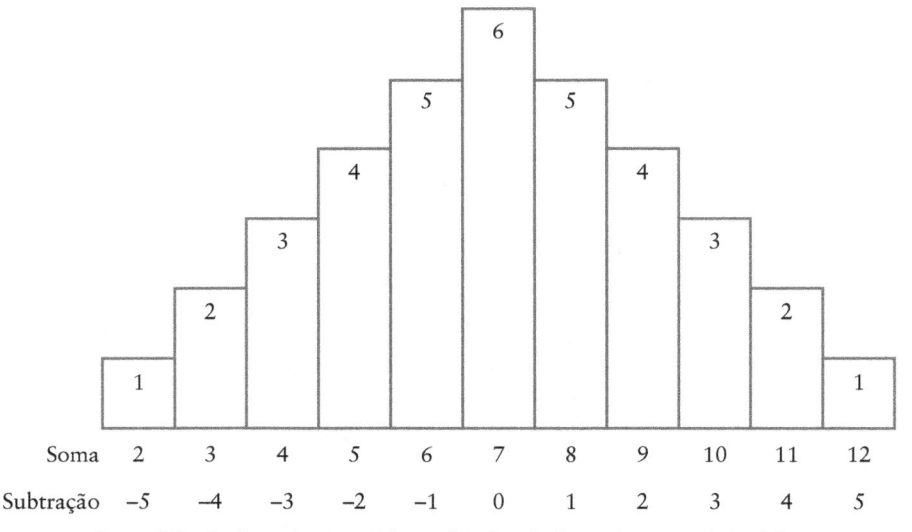

**Figura 2.8** – Distribuição da soma ou subtração dos valores das faces no lançamento de dois dados.

Não é fácil reconhecer um padrão de variação por meio de simples tabelas de números, médias e variâncias. Padrões de variação são identificados com maior facilidade por meio de histogramas.

O histograma, conforme representado na Figura 2.9, corresponde a um método gráfico para representar a dispersão (variação) de um conjunto de dados, considerando que uma figura vale mais que uma centena de números, quando essa figura é um histograma.

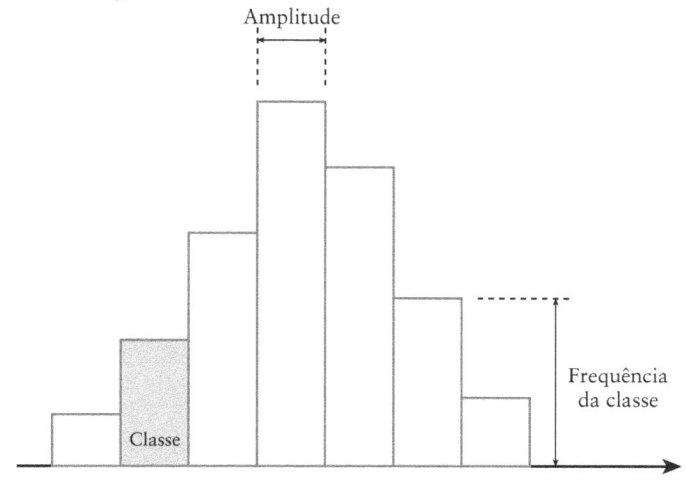

**Figura 2.9** – Componentes de um histograma.

# 2.6.1 Fases de preparação do histograma

## 2.6.1.1 Definir o número de classes (K)

Há duas formas de definir o número de classes: por meio da equação $K = \sqrt{n}$ ou por meio do Quadro 2.5. A equação $K = \sqrt{n}$ é recomendada para amostras inferiores a cem elementos. Acima deste valor, recomenda-se a utilização dos valores indicados no Quadro 2.5, para que o número de classes não fique demasiadamente elevado.

**Quadro 2.5** – Definição do número de classes do histograma em função do tamanho da amostra

| Número de dados | Número de classes (K) |
|---|---|
| menos de 50 | 5 – 7 |
| 50 – 100 | 6 – 10 |
| 100 – 250 | 7 – 12 |
| mais de 250 | 10 – 20 |

## 2.6.1.2 Definir a amplitude das classes (H)

A amplitude das classes é calculada por meio da equação:

$$H = \frac{R}{K}$$

Onde: R = amplitude dos dados (valor máximo – valor mínimo).

## 2.6.1.3 Definir limites das classes

Os limites das classes correspondem às fronteiras entre uma classe e a seguinte. A primeira classe tem início no valor mínimo dos dados da amostra e termina após a soma da amplitude. A classe seguinte tem início exatamente onde terminou a anterior, e assim sucessivamente. É importante definir a qual classe pertence o número localizado na fronteira entre as classes. Para isso, recomenda-se a utilização da teoria dos conjuntos, com a clara identificação de intervalos fechados e abertos.

| Classe | Limite inferior | Limite superior |
|---|---|---|
| 1ª classe | Valor mínimo | Valor mínimo + Amplitude da classe (H) |
| Demais classes | Limite superior da classe anterior | Valor mínimo + Amplitude da classe (H) |

## 2.6.1.4 Classificar os dados por classe apurando a frequência de cada classe

Nesta etapa é realizada a alocação dos valores da amostra às classes do histograma. O Quadro 2.6 representa a forma mais tradicional de apurar a frequência os dados por classe.

**Quadro 2.6** – Frequência de dados nas classes do histograma

| Classe | Limites | Frequência |
|---|---|---|
| 1 | [3,30 ; 3,35] | 3 |
| 2 | [3,35 ; 3,40] | 6 |
| 3 | [3,40 ; 3,45] | 14 |
| 4 | [3,45 ; 3,50] | 19 |
| 5 | [3,50 ; 3,55] | 22 |
| 6 | [3,55 ; 3,60] | 11 |
| 7 | [3,60 ; 3,65] | 7 |
| 8 | [3,65 ; 3,70] | 2 |
| TOTAL | | 84 |

### 2.6.1.5 Desenhar o histograma

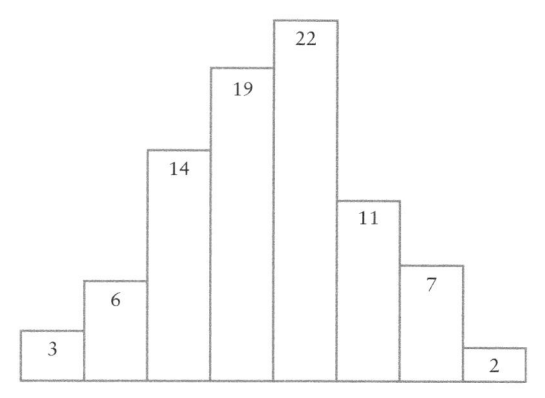

**Figura 2.10** – Representação de um histograma.

### 2.6.1.6 Analisar a forma do histograma e estabelecer conclusões

Não adianta apenas desenhar o histograma. É preciso analisar a figura obtida e estabelecer conclusões. Há seis tipologias tradicionais de histogramas e cada uma dessas tipologias representa uma situação específica a ser tratada. As Figuras 2.11, 2.12, 2.13, 2.14, 2.15 e 2.16 apresentam as seis tipologias tradicionais.

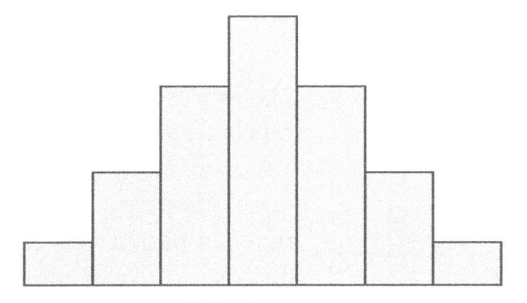

**Figura 2.11** – Histograma simétrico.

Distribuição unimodal, característica de um processo no qual atuam causas aleatórias: distribuição normal.

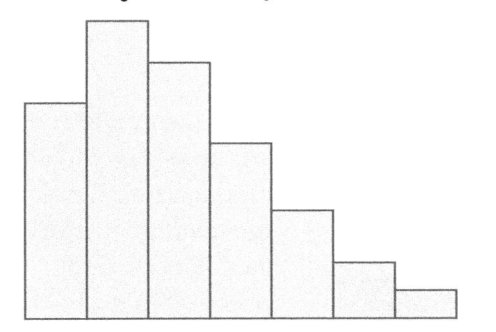

**Figura 2.12** – Histograma truncado.

Provavelmente, resultado de algum método de inspeção final, que descarta os itens produzidos além dos limites de especificação.

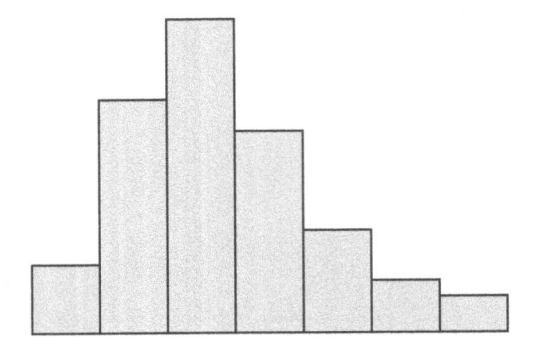

**Figura 2.13** – Histograma assimétrico à direita.

Distribuição influenciada pela interferência de limitações para valores altos que possam ser considerados pelo processo.

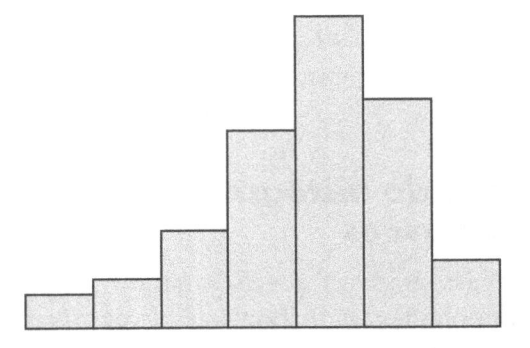

**Figura 2.14** – Histograma assimétrico à esquerda.

Distribuição influenciada pela interferência de limitações para valores baixos que possam ser assumidos pelo processo.

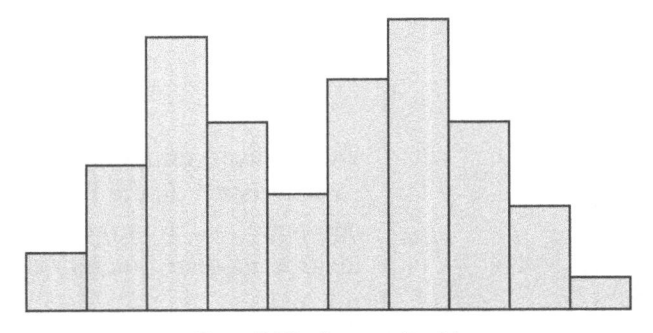

**Figura 2.15** – Histograma bimodal.

Os dois picos (modas) revelam, provavelmente, que os dados utilizados são oriundos de processos diferentes: duas máquinas, dois turnos, dois operadores.

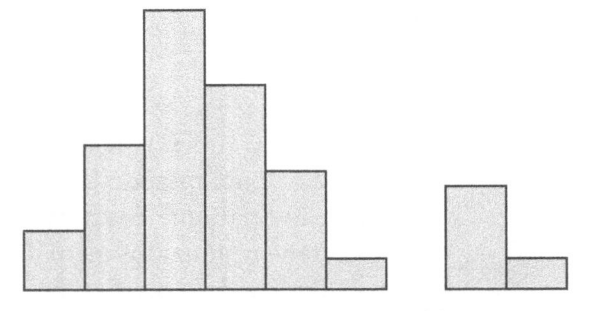

**Figura 2.16** – Histograma com pico isolado.

O pequeno tamanho do segundo pico indica certa modalidade. É possível que tenha ocorrido erro na coleta de dados ou na construção do histograma.

# 2.7 GRÁFICOS DE CONTROLE – CARTAS DE CONTROLE

O gráfico de controle, ou carta de controle, funciona como um "sensor", permitindo que se acompanhe o andamento de um processo ao longo do tempo com o intuito de monitorar e identificar as causas das variações na qualidade de um produto ou serviço. Um gráfico de controle consiste em uma linha central, também denominada limite médio, um par de limites de controle, superior e inferior, e valores característicos marcados no gráfico, representando o estado de um processo. A Figura 2.17 ilustra os componentes de um gráfico de controle.

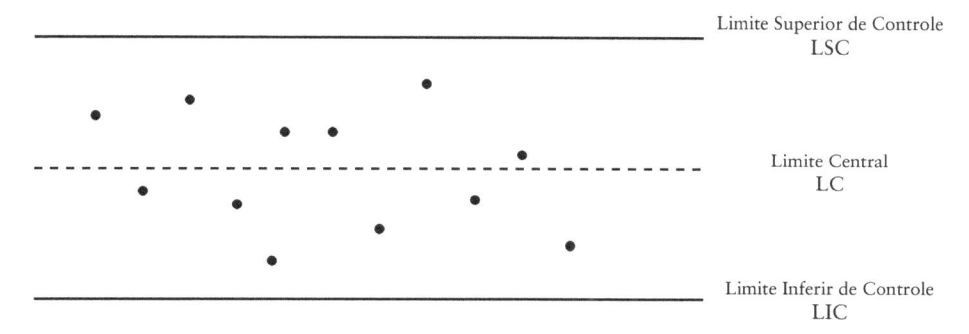

**Figura 2.17** – Componentes de um gráfico de controle.

Se todos os valores marcados estiverem dentro dos limites de controle, sem qualquer tendência particular, o processo é considerado "sob controle". Entretanto, se os pontos incidirem fora dos limites de controle ou apresentarem uma disposição atípica, o processo é julgado "fora de controle". Esses limites de controle são definidos a partir dos dados coletados e da aplicação de técnicas estatísticas. A função dessas linhas de referência é facilitar a análise e compreensão das possíveis causas de variação verificadas em um processo.

A variação devida a causas comuns, ou aleatórias, é inevitável e, fatalmente, ocorre em qualquer processo, mesmo que a operação seja executada com o uso de matérias-primas e métodos padronizados. Já a variação devida a causas especiais, ou assinaláveis, indica que existem fatores relevantes a serem investigados. São variações que devem ser evitadas e não podem ser negligenciadas: existem casos gerados pelo uso de material inadequado, falta de preparo da mão de obra, não cumprimento de padrões ou aplicação de padrões inadequados.

A fim de controlar um processo, as variações resultantes de causas especiais devem ser eliminadas e as variações resultantes de causas comuns devem ser mantidas sob controle e, sempre que possível, reduzidas (Figura 2.18).

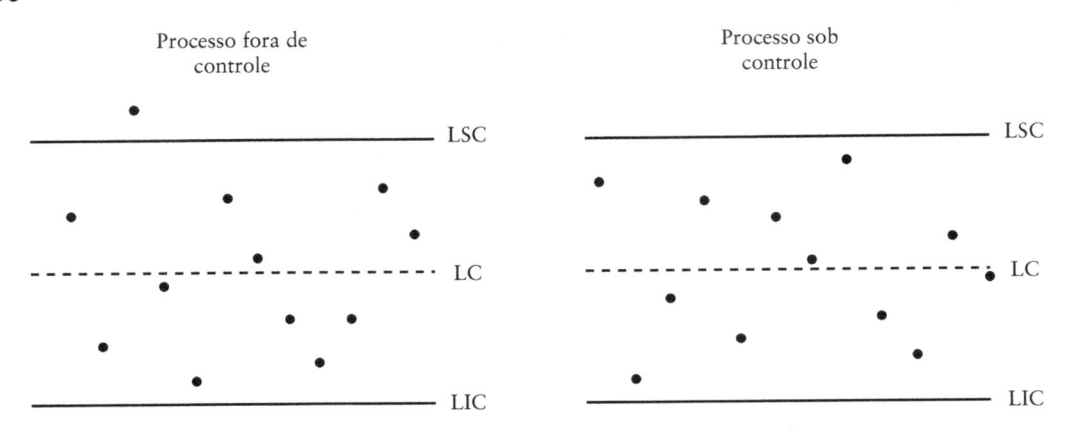

**Figura 2.18** – Representação de processos fora de controle e sob controle.

Existem vários tipos de gráficos de controle, conforme os valores característicos ou finalidade. Em qualquer tipo de gráfico de controle, os limites de controle são calculados pela fórmula: (valor médio) ± 3σ (desvio-padrão).

Quando se trabalha com variáveis medidas, são utilizados simultaneamente dois gráficos, um para observar a variação de uma medida de posição (média) dos dados e outro para observar a dispersão (R ou S) dos dados. Nos gráficos de variáveis contadas (atributos) utiliza-se um único gráfico.

Para a construção e análise dos gráficos de controle devem ser seguidas as seguintes etapas:

- Definição do tipo de dado que será utilizado e seleção do gráfico de controle apropriado.
- Estabelecimento dos procedimentos para a coleta de amostras significativas do processo.
- Utilização dos dados das amostras para a apuração dos limites de controle do gráfico.
- Construção do gráfico de controle e plotagem dos dados das amostras.
- Interpretação dos gráficos de controle.

Após a construção dos gráficos de controle duas análises fundamentais devem ser conduzidas:

- Análise da variação observada no processo para determinar se o esse processo se encontra "sob controle" ou "fora de controle".
- Análise da relação entre os limites de especificação ou tolerância prefixados e a variação observada no processo.
- Um processo é julgado "sob controle" quando a distribuição dos pontos no gráfico de controle não revela pontos fora dos limites de referência e, tampouco, distribuições não aleatórias dos demais pontos.

## 2.7.1 Gráficos de atributos

Os gráficos de atributos, ou variáveis contadas, são adotados para gerenciar o controle de características qualitativas (dados de valores discretos) obtidas por meio de contagens, tais como: número de defeitos, erros ou outras deficiências na peça, conjunto, material, serviço. O controle estatístico é realizado por meio dos gráficos relacionados a seguir:

- gráfico np: gráfico do número de defeituosos;
- gráfico p: gráfico da fração defeituosa;
- gráfico c: gráfico do número de defeitos;
- gráfico u: gráfico do número de defeitos por unidade.

Na construção dos limites de referência (limite central e limites superior e inferior) para os gráficos de controle de atributos são utilizadas as equações apresentadas no Quadro 2.7.

**Quadro 2.7** – Construção dos limites de referência em gráficos de atributos

| Tipo de gráfico | Limites de controle | Observações |
|---|---|---|
| Gráfico p<br>Gráfico da fração defeituosa: amostras do tamanho variável | $LSC = \overline{p} + 3\sqrt{\dfrac{\overline{p}(1 - \overline{p})}{n}}$<br>$LC = \overline{p}$<br>$LIC = \overline{p} - 3\sqrt{\dfrac{\overline{p}(1 - \overline{p})}{n}}$ | $\overline{p} = \dfrac{\text{total de itens defeituosos}}{\text{total de itens inspecionados}}$ |
| Gráfico np<br>Gráfico do número de defeituosos: amostras do mesmo tamanho | $LSC = n\overline{p} + 3\sqrt{n\overline{p}(1 - \overline{p})}$<br>$LC = n\overline{p}$<br>$LIC = n\overline{p} - 3\sqrt{n\overline{p}(1 - \overline{p})}$ | $n\overline{p} = \dfrac{\text{total de itens defeituosos}}{\text{total de amostras}}$ |
| Gráfico c<br>Gráfico do número de defeitos: amostras de mesmo tamanho | $LSC = \overline{c} + 3\sqrt{\overline{c}}$<br>$LC = \overline{c}$<br>$LIC = \overline{c} - 3\sqrt{\overline{c}}$ | $\overline{c} = \dfrac{\text{total de defeitos}}{\text{total de amostras}}$ |
| Gráfico u<br>Gráfico do número de defeitos por unidade: amostras de tamanho variável | $LSC = \overline{u} + 3\sqrt{\dfrac{\overline{u}}{n}}$<br>$LC = \overline{u}$<br>$LIC = \overline{u} - 3\sqrt{\dfrac{\overline{u}}{n}}$ | $\overline{u} = \dfrac{\text{total de defeitos}}{\text{total de itens inspecionados}}$ |

## 2.7.2 Gráficos de variáveis medidas

Os gráficos de variáveis medidas são adotados para gerenciar o controle de características quantitativas (dados de valores contínuos) obtidas por meio de medições (variáveis medidas), tais como: espessura, pressão, temperatura, resistência, dilatação e velocidade. O controle estatístico é realizado por meio de:

- Gráfico $\overline{X}$ (média do processo);
- Gráfico R (dispersão do processo).

Na construção dos limites de referência (limite central e limites superior e inferior) para os gráficos de controle de variáveis medidas são utilizadas as equações apresentadas no Quadro 2.8, em que: N representa o número de amostras e os coeficientes $A_2$, $D_3$ e $D_4$ são dados em função do tamanho da amostra (n), conforme Quadro 2.9.

**Quadro 2.8** – Construção dos limites de referência em gráficos de variáveis medidas

| Gráfico | Limite central | Limite superior de controle | Limite inferior de controle |
|:---:|:---:|:---:|:---:|
| $\overline{X}$ | $\overline{\overline{X}} = \dfrac{\Sigma \overline{X}}{N}$ | $\overline{\overline{X}} = A_2 \overline{R}$ | $\overline{\overline{X}} - A_2 \overline{R}$ |
| R | $\overline{R} = \dfrac{\Sigma R}{N}$ | $D_4 \overline{R}$ | $D_3 \overline{R}$ |

**Quadro 2.9** – Coeficientes para a construção dos limites de referência em gráficos de variáveis medidas

| Tamanho da amostra (n) | $A_2$ | $D_3$ | $D_4$ |
|:---:|:---:|:---:|:---:|
| 2 | 1,880 | * * * * * * * | 3,27 |
| 3 | 1,023 | * * * * * * * | 2,57 |
| 4 | 0,729 | * * * * * * * | 2,28 |
| 5 | 0,577 | * * * * * * * | 2,11 |
| 6 | 0,483 | * * * * * * * | 2,00 |
| 7 | 0,419 | 0,076 | 1,92 |
| 8 | 0,373 | 0,136 | 1,86 |
| 9 | 0,337 | 0,184 | 1,82 |
| 10 | 0,308 | 0,223 | 1,78 |

### 2.7.3 Alguns perfis de distribuição não aleatória que merecem investigação

Como exemplos de perfis de distribuição não aleatória que merecem investigação, podem ser citados: um ponto fora dos limites de controle, uma série de pontos consecutivos em um mesmo lado do gráfico de controle, pontos que se alternam próximos aos limites, sequência de pontos crescente ou decrescente, sequência cíclica de pontos e salto da sequência de pontos para um nível médio diferente, como é ilustrado nas Figuras 2.19 a 2.24.

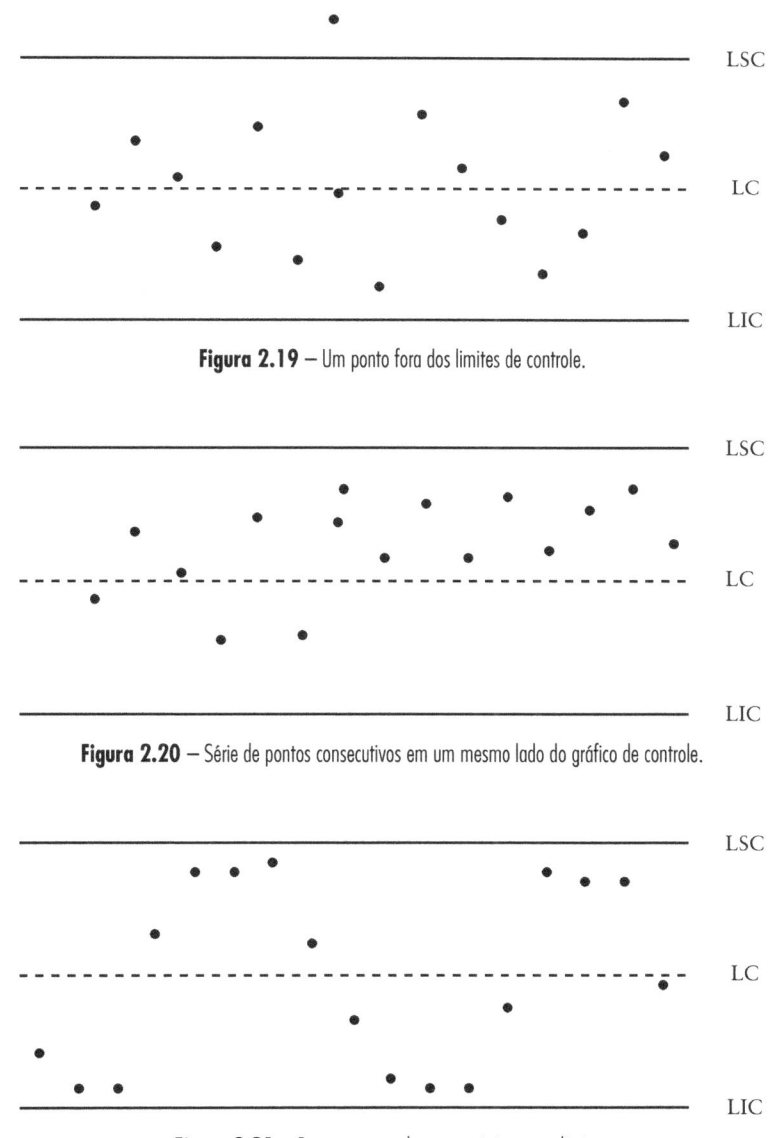

**Figura 2.19** – Um ponto fora dos limites de controle.

**Figura 2.20** – Série de pontos consecutivos em um mesmo lado do gráfico de controle.

**Figura 2.21** – Pontos que se alternam próximos aos limites.

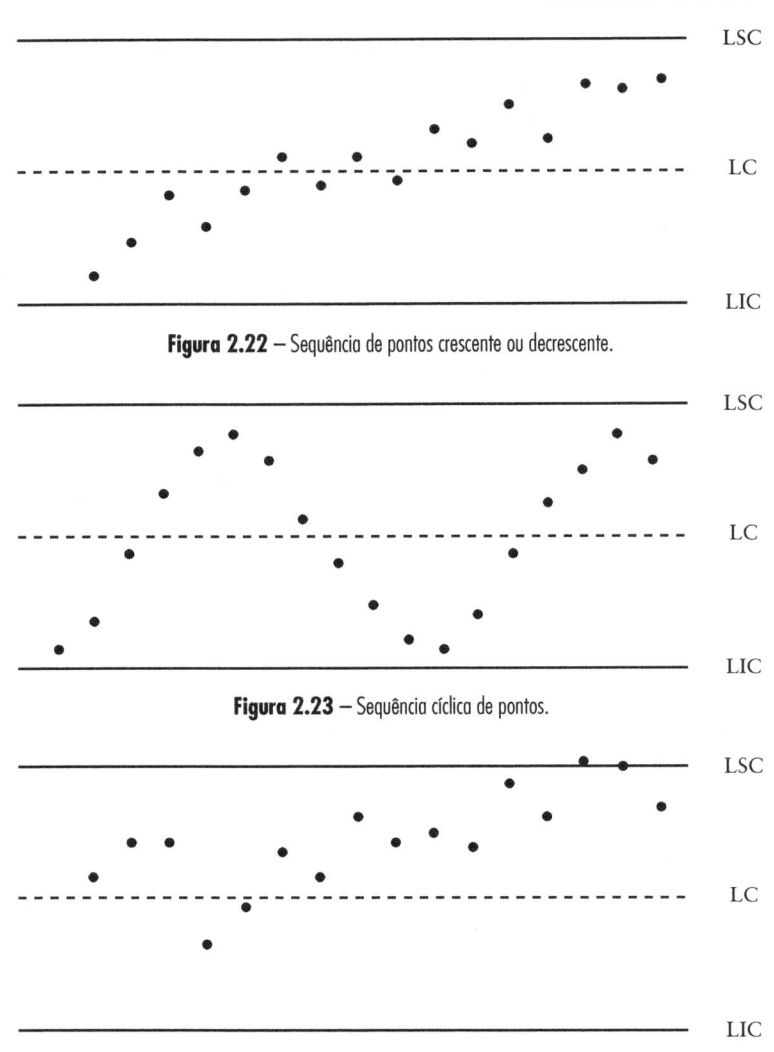

**Figura 2.22** – Sequência de pontos crescente ou decrescente.

**Figura 2.23** – Sequência cíclica de pontos.

**Figura 2.24** – Salto da sequência de pontos para um nível médio diferente.

## 2.7.4 Capacidade do processo

Não se pode confundir LIE (Limite Inferior de Especificação) com LIC (Limite Inferior de Controle), assim como não se pode confundir LSE (Limite Superior de Especificação) com LSC (Limite Superior de Controle). Os limites de especificação são definidos no projeto do produto ou do serviço, em função das tolerâncias aceitáveis para o bom funcionamento ou montagem adequada das partes do produto. Já os limites de controle (LSC e LIC) são calculados a partir de dados coletados e representam o comportamento do processo. A função dessas linhas de referência é facilitar a análise e compreensão das possíveis causas de variação verificadas em um processo.

Para analisar a adequação da variação observada no processo em relação aos limites de especificação ou tolerância predefinidos para um produto ou serviço, dois índices podem ser apurados: Cp e Cpk (Quadro 2.10). O cálculo desses índices só pode ser realizado se o processo estiver em estado de controle estatístico. A Figura 2.25 ilustra as possíveis situações de um processo.

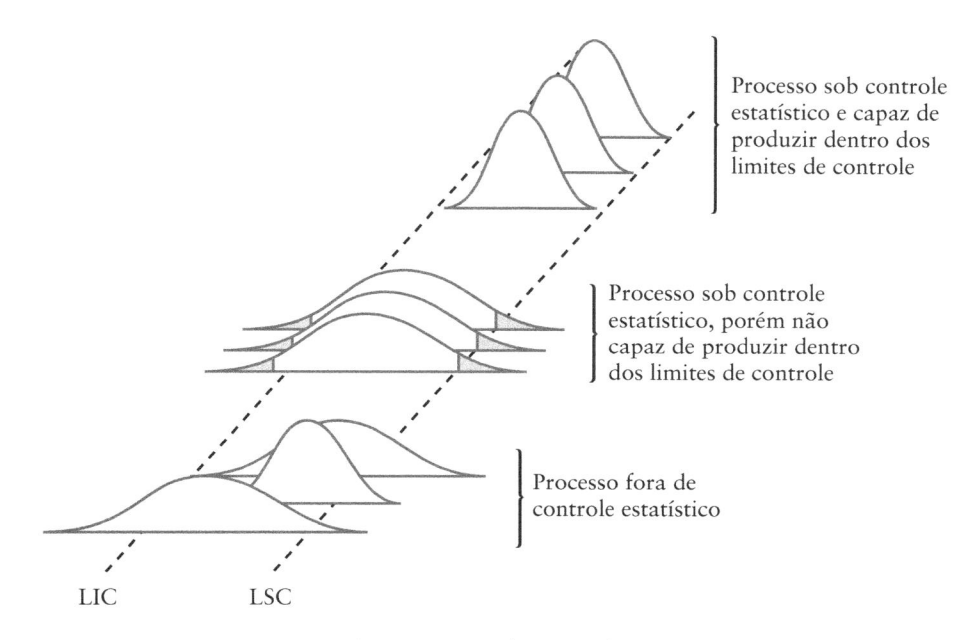

Processo sob controle estatístico e capaz de produzir dentro dos limites de controle

Processo sob controle estatístico, porém não capaz de produzir dentro dos limites de controle

Processo fora de controle estatístico

LIC   LSC

**Figura 2.25** – Representação das situações de um processo.

## **Quadro 2.10** – Cálculo do Cp e do Cpk

| Índice | Equação | Interpretação |
|---|---|---|
| Cp | $\dfrac{(LSE - LIE)}{6\sigma}$ | Se o valor de Cp for inferior a 1, o processo é considerado "não capaz". Na prática, adota-se o valor mínimo de 1,3 para se afirmar que um processo é capaz. |
| Cpk | Menor valor entre $\dfrac{(LSE - \bar{\bar{X}})}{3\sigma}$ e $\dfrac{(\bar{\bar{X}} - LIE)}{3\sigma}$ | Índice utilizado para avaliar se a média do processo está centrada com o valor alvo. Na prática, adota-se o valor mínimo de 1,33 para se afirmar que a média do processo está centralizada. |

Em que σ (desvio-padrão do processo) pode ser estimado pela equação: $\sigma = \dfrac{R}{d_2}$ (vide Quadro 2.11).

**Quadro 2.11** – Coeficientes $d_2$ para estimação do desvio-padrão do processo

| Tamanho da amostra (n) | $d_2$ |
| --- | --- |
| 2 | 1,128 |
| 3 | 1,693 |
| 4 | 2,059 |
| 5 | 2,326 |
| 6 | 2,534 |
| 7 | 2,704 |
| 8 | 2,847 |
| 9 | 2,970 |
| 10 | 3,078 |

Limites de Controle – LC

- característicos do processo;
- baseados na variabilidade natural existente no processo;
- utilizados para detectar causas especiais de variação.

Limites de Especificação/Tolerância – LE

- característicos de cada unidade do produto ou serviço;
- baseados no desempenho funcional do produto ou serviço;
- utilizados para julgar a adequação ao uso do produto ou serviço.

Em suma:

**Processo não capaz:** "a dispersão do processo é maior do que a tolerância permitida pelos limites de especificação."

**Processo capaz:** "a dispersão do processo se enquadra na tolerância permitida pelos limites de especificação."

# REFERÊNCIAS BIBLIOGRÁFICAS

AZAKA, T.; OZEKI, K. *Handbook of quality tools*: the Japanese approach. Cambridge, MA: Productivity Press, 1990.

CHIARINI, A. *From total quality to lean six sigma*. 5. ed. New York: Springer Verlag, 2012.

GITLOW, H. S.; OPPENHEIM, A.; OPPENHEIM, R. *Quality management*: tools and methods for improvement. 3. ed. New York: McGraw Hill-Irwin, 2004.

ISHIKAWA, K. *Guide to quality control*. Tokyo: Asian Productivity Organization, 1982.

_____. *TQC, total quality control*: estratégia e administração da qualidade. São Paulo: IM&C International Sistemas Educativos, 1986.

JURAN, J. M; GODFREY, A. B. *Juran's quality handbook*. 5. ed. 1999.

KUME, H. *Métodos estatísticos para melhoria da qualidade*. São Paulo: Gente, 1993.

MONTGOMERY, D. C. *Introdução ao controle estatístico da qualidade*. 4. ed. Rio de Janeiro: LTC, 2009.

PIZDEK, T. *The six sigma handbook*. 3. ed. New York: McGraw Hill, 2010.

# FERRAMENTAS PARA O PLANEJAMENTO DA QUALIDADE

## 3.1 AS SETE NOVAS FERRAMENTAS DA QUALIDADE

As ferramentas gerenciais da qualidade, também conhecidas como sete novas ferramentas da qualidade, têm sua aplicação voltada ao *problem finding* (identificação/busca do problema) objetivando fornecer aos gestores e administradores ferramentas que viabilizem o mapeamento dos problemas da qualidade e o planejamento dos esforços para o delineamento de planos de ação para a melhoria da qualidade do projeto, qualidade da conformidade ou qualidade do desempenho. São elas:

- Diagrama de Afinidade – Método KJ;
- Diagrama de Relações;
- Diagrama em Árvore;
- Diagrama em Matriz;
- Técnicas de Priorização / Técnicas de Redução;

- PDPC (*process decision program chart*) – Árvore de Decisão; e
- Diagrama da Rede de Atividades (Método do Caminho Crítico).

O planejamento e a gestão da qualidade utilizando as sete ferramentas gerenciais constitui-se em um processo de três fases, conforme Quadro3.1.

**Quadro 3.1** – Fases do processo de planejamento e a gestão da qualidade

| Fases do planejamento e do gerenciamento | Ferramenta gerencial |
|---|---|
| 1ª FASE: IDENTIFICAÇÃO DO PROBLEMA | Diagrama de afinidade<br>Diagrama de relações |
| 2ª FASE: DETERMINAÇÃO DAS AÇÕES E DOS RECURSOS | Diagrama em árvore<br>Diagrama em matriz<br>Técnicas de priorização/ técnicas de redução |
| 3ª FASE: ESTABELECIMENTO DE PLANOS CONTINGENCIAIS E CRONOGRAMA | Diagrama PDPC – Árvore de Decisão<br>Diagrama da Rede de Atividades |

A aplicação das ferramentas gerenciais da qualidade apresenta as seguintes características que devem ser ressaltadas:

- São ferramentas, algumas simples, outras mais complexas, que permitem trabalhar e analisar não apenas informações numéricas (dados quantitativos), mas também informações verbais (dados qualitativos).
- De uma maneira geral, a aplicação em larga escala dessas ferramentas ocorre nos níveis de supervisão e gerência para o tratamento de problemas mais complexos, mais vagos e difíceis.
- Da mesma forma que as ferramentas para o *problem solving* (as sete ferramentas básicas para o controle e a melhoria da qualidade), as ferramentas gerenciais (as sete ferramentas para o planejamento e gestão da qualidade)

não são completamente novas, inventadas como um fim em si mesmas. Na realidade, cada uma delas representa o desenvolvimento de métodos usados em outras áreas/campos de estudo que foram adaptadas aos objetivos e significados de um Programa de Gestão da Qualidade Total.

• O conjunto de ferramentas da qualidade, as sete ferramentas básicas e as sete ferramentas gerenciais, constitui um poderoso e valioso arsenal de instrumentos para o planejamento, a organização, a implantação e a melhoria contínua dos esforços em busca da qualidade e da excelência.

O Quadro 3.2 apresenta as sete novas ferramentas e suas principais finalidades.

**Quadro 3.2** – As sete novas ferramentas e suas finalidades

| Ferramentas | Finalidades |
|---|---|
| Diagrama de Afinidade (Método - KJ) | Sintetizar, classificar, estruturar ideias pouco definidas |
| Diagrama de Relações | Descobrir e analisar inter--relações de causa e efeito |
| Diagrama em Árvore | Detalhar, desdobrar situações e ações desde o geral até o particular |
| Diagrama em Matriz | Correlacionar de forma lógica para estudar, avaliar e decidir |
| Técnicas de Priorização / Redução | Direcionar, estreitar e focalizar análises e tomada de decisões |
| PDPC – Árvore de Decisão | Identificar, avaliar e planejar alternativas de atuação |
| Diagrama da Rede de Atividades | Gerenciar prazos, prioridades e administrar recursos |

O Quadro 3.3 apresenta as sete novas ferramentas e seus campos de aplicação.

**Quadro 3.3** – As sete novas ferramentas e suas áreas de aplicação

| Área / Aplicação | Diagrama de Afinidade (KJ) | Diagrama de Relações | Diagrama em Árvore | Diagrama em Matriz | Técnicas de Priorização/Redução | PDPC – Árvore de Decisão | Diagrama da Rede de Atividades |
|---|---|---|---|---|---|---|---|
| **Direção** | **(1)** | **(2)** | **(3)** | **(4)** | **(5)** | **(6)** | **(7)** |
| Desdobramento das políticas e dos objetivos da organização | ⊙ | ⊙ | ⊙ | ⊙ | | | |
| Definição das responsabilidades e dos recursos para a execução dos planos | | | | ⊙ | | | |
| Desenvolvimento e acompanhamento das estratégias e planos do negócio | | | | | | ⊙ | ⊙ |
| **Projeto e qualidade** | **(1)** | **(2)** | **(3)** | **(4)** | **(5)** | **(6)** | **(7)** |
| Compreensão das necessidades e tradução em características do produto/serviço | ⊙ | | ⊙ | ⊙ | ⊙ | | |
| Relação entre características dos produtos e parâmetros do processo | | | ⊙ | ⊙ | | | |
| Determinação dos aspectos e parâmetros que asseguram confiabilidade ao produto | ⊙ | ⊙ | ⊙ | ⊙ | ⊙ | ⊙ | |
| Determinação das relações entre funções e custos – análise de valor | | | ⊙ | ⊙ | | | |
| Analisar a eficiência e o desempenho das áreas de projeto e qualidade | ⊙ | | | | ⊙ | | |
| **Produção** | **(1)** | **(2)** | **(3)** | **(4)** | **(5)** | **(6)** | **(7)** |
| Determinação dos motivos de atraso/não atendimento dos prazos de entrega | | | ⊙ | ⊙ | | | ⊙ |
| Análise dos motivos de não conformidades e busca por melhoria do processo | | ⊙ | ⊙ | ⊙ | ⊙ | | |
| Gestão das reclamações dos clientes e projetos para melhoria da qualidade | | ⊙ | ⊙ | ⊙ | ⊙ | | |
| Controle e redução dos estoques e das movimentações de materiais | | ⊙ | | ⊙ | | | |
| Controle e redução dos custos de produção e dos custos da qualidade | | ⊙ | ⊙ | | | | |
| Controle e melhoria das condições das instalações e dos equipamentos | | | | | ⊙ | ⊙ | ⊙ |
| Determinação e controle das condições de segurança e higiene no trabalho | ⊙ | ⊙ | | | ⊙ | ⊙ | |

**Quadro 3.3** – As sete novas ferramentas e suas áreas de aplicação (Continuação)

| Área / Aplicação | Diagrama de Afinidade (KJ) | Diagrama de Relações | Diagrama em Árvore | Diagrama em Matriz | Técnicas de Priorização/Redução | PDPC – Árvore de Decisão | Diagrama da Rede de Atividades |
|---|---|---|---|---|---|---|---|
| **Recursos humanos** | **(1)** | **(2)** | **(3)** | **(4)** | **(5)** | **(6)** | **(7)** |
| Determinação das prioridades para treinamento e desenvolvimento | ⊙ | ⊙ | ⊙ | ⊙ | | | |
| Identificação das responsabilidades e das competências necessárias | | | ⊙ | ⊙ | | | |
| Planejamento, gerenciamento e controle das equipes de trabalho | | | | | ⊙ | ⊙ | ⊙ |
| **Marketing e vendas** | **(1)** | **(2)** | **(3)** | **(4)** | **(5)** | **(6)** | **(7)** |
| Classificação das necessidades e correlação com os produtos e serviços | ⊙ | ⊙ | ⊙ | ⊙ | ⊙ | | |
| Análise da concorrência e comparação com a própria empresa | | | ⊙ | ⊙ | ⊙ | | |
| Previsão da demanda e das tendências dos vários mercados da empresa | | | ⊙ | | ⊙ | | |
| Análise do desempenho de vendas por segmento/ nicho de mercado | | | ⊙ | ⊙ | ⊙ | | |
| Análise do retorno dos investimentos por produto, canal de distribuição e área | | | ⊙ | ⊙ | ⊙ | | |
| Desenvolvimento das atividades de promoção e publicidade | | ⊙ | | | | ⊙ | ⊙ |
| Racionalização das informações e *feedback* do mercado | | | ⊙ | ⊙ | | | |
| **Compras e logística** | **(1)** | **(2)** | **(3)** | **(4)** | **(5)** | **(6)** | **(7)** |
| Determinação dos requisitos e atributos das matérias-primas | ⊙ | ⊙ | | | | | |
| Classificação e avaliação do desempenho dos fornecedores | | | ⊙ | ⊙ | ⊙ | | |
| Definição das necessidades de material para balanceamento dos fluxos produtivos | | | | | | ⊙ | ⊙ |
| Controle dos níveis de estoque e dos custos de abastecimentos | | | ⊙ | ⊙ | | | |
| Planejamento da liberação dos materiais: faturamento, expedição e entrega | | | | | | ⊙ | ⊙ |

# 3.2 DIAGRAMA DE AFINIDADE (MÉTODO KJ – KAWAKITA JIRO)

## 3.2.1 Descrição

O Diagrama de Afinidade reúne uma grande quantidade de dados de diversas naturezas (ideias, opiniões, declarações, manifestações, comportamentos etc.) e os organiza em grupos ou famílias, baseando-se no relacionamento natural/intrínseco (afinidade) entre cada item, definindo grupos de itens. Essa ferramenta é aplicável em processos em que a criatividade, mais do que a lógica, é o fator fundamental na associação/agrupamento dos dados.

## 3.2.2 Finalidade

O Diagrama de Afinidade representa um excelente recurso para fazer com que um grupo de pessoas se comporte de maneira criativa, deixando a lógica em segundo plano, diante do desafio de identificar e compreender situações não estruturadas e desconhecidas.

O Diagrama de Afinidade encoraja uma participação verdadeira, pois as ideias de cada pessoa são sempre incorporadas ao processo. Nesse ponto, o Diagrama de Afinidade difere das demais formas de discussão e *brainstorming* em que as ideias costumam se perder no "emaranhado" de alternativas e, portanto, acabam sendo desconsideradas.

Esse diagrama agrupa grandes grupos de informações a fim de, posteriormente, estudar e analisar as relações de causa e efeito entre eles.

## 3.2.3 Aplicação

A aplicabilidade do Diagrama de Afinidade se destaca em situações como as descritas a seguir:

- Quando os dados e opiniões se apresentam em "uma situação de grande desordem" tornando impossível, à primeira vista, a tarefa de agrupamento/classificação.
- Quando uma ruptura nos conceitos e abordagens tradicionais se faz necessária, pois as únicas soluções correspondem sempre às "velhas soluções".
- Quando, para o sucesso da implantação, há a necessidade de apoio, envolvimento e comprometimento.

## 3.2.4 Sugestão de como fazer

Uma forma fácil de aplicar o Método KJ é por meio da utilização de cartões adesivos, distribuindo os cartões aos profissionais participantes da sessão (reunião) e solicitando que todos escrevam livremente as causas de determinado problema ou oportunidade. Depois, deve-se agrupar esses cartões em famílias, por afinidade, e definir um nome para as famílias de causas ou oportunidades.

## 3.2.5 Quando aplicar o Método KJ

Planejamento de projetos: solicitar aos participantes (equipe) do projeto para contribuírem com todos os pacotes de atividades que consideram imprescindíveis para o sucesso do projeto. Com isso, será gerado um WBS (work breakdown structure) do projeto muito mais completo e realista do que seria se fosse realizado somente pelo gestor do projeto.

## 3.2.6 Diagrama de Afinidade: um exemplo de utilização

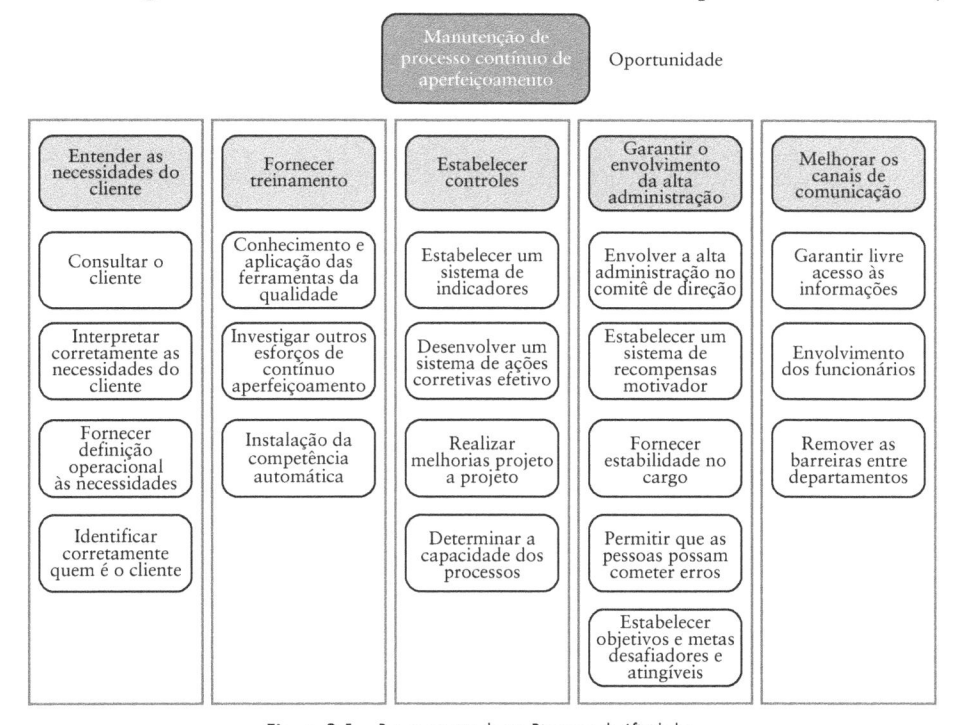

**Figura 3.1** – Representação de um Diagrama de Afinidades.

## 3.3 DIAGRAMA DE RELAÇÕES

### 3.3.1 Descrição

O Diagrama de Relações toma uma ideia, um problema, uma oportunidade ou um ponto considerado central e, a partir dele, constrói um mapa de relações lógicas de causa e efeito entre as várias variáveis/vozes descritas pelo mapa. É uma ferramenta que exige criatividade, conhecimento do assunto ou oportunidade estudada, bem como a capacidade de análise e reflexão para a definição das conexões lógicas de causa e efeito que estão apenas implícitas no processo de aplicação do Diagrama de Afinidade.

## 3.3.2 Finalidade

O Diagrama de Relações permite o entendimento dos problemas que apresentam relações complexas de causa e efeito e/ou relações complexas de meios para objetivos. Além disso, busca romper com o "pensamento linear" no qual se busca um fluxo linear de causa e efeito que pareça ordenado. Viabiliza a adoção do "pensamento multidirecional" permitindo que se explorem possíveis "círculos de causalidade" entre as ideias geradas por um conjunto de pessoas.

Outra finalidade do Diagrama de Relações é isolar os poucos elementos vitais para a situação em análise, identificar as distintas relações e fazer com que todo o pessoal envolvido entenda rapidamente o que precisa ser realizado.

## 3.3.3 Aplicação

A aplicação do Diagrama de Relações é recomendada nas situações descritas a seguir.

- Quando existem relações do tipo causa e efeito ou meios para objetivos complexos com relação a ideias correlatas.
- Quando se requer uma compreensão do inter-relacionamento do problema com novas ideias e conceitos eliminando enfoques preconcebidos para a solução de problemas. Esse diagrama permite desenvolver ideias únicas e criativas para a identificação de novas relações;
- Quando se suspeita que o problema em questão é um sintoma e não efetivamente uma "causa-raiz" ou "causa fundamental.
- Quando se requer o envolvimento de diversas pessoas de diferentes departamentos ou áreas para a construção de uma solução consensual.

## 3.3.4 Sugestão de como fazer

Após a aplicação do Método KJ e definição das famílias de causas ou oportunidades, pode-se aplicar o Diagrama de Relações, considerando-se as relações de causa e efeito entre as famílias identificadas. Em sessão com profissionais conhecedores do assunto ou oportunidade tratada, discutir e chegar ao consenso sobre as relações de causa e efeitos entre as famílias e elaborar Diagrama de Relações.

## 3.3.5 Diagrama de Relações: um exemplo de utilização

A Figura 3.2, a seguir, apresenta um exemplo de utilização do Diagrama de Relações, com os diferentes elementos envolvidos.

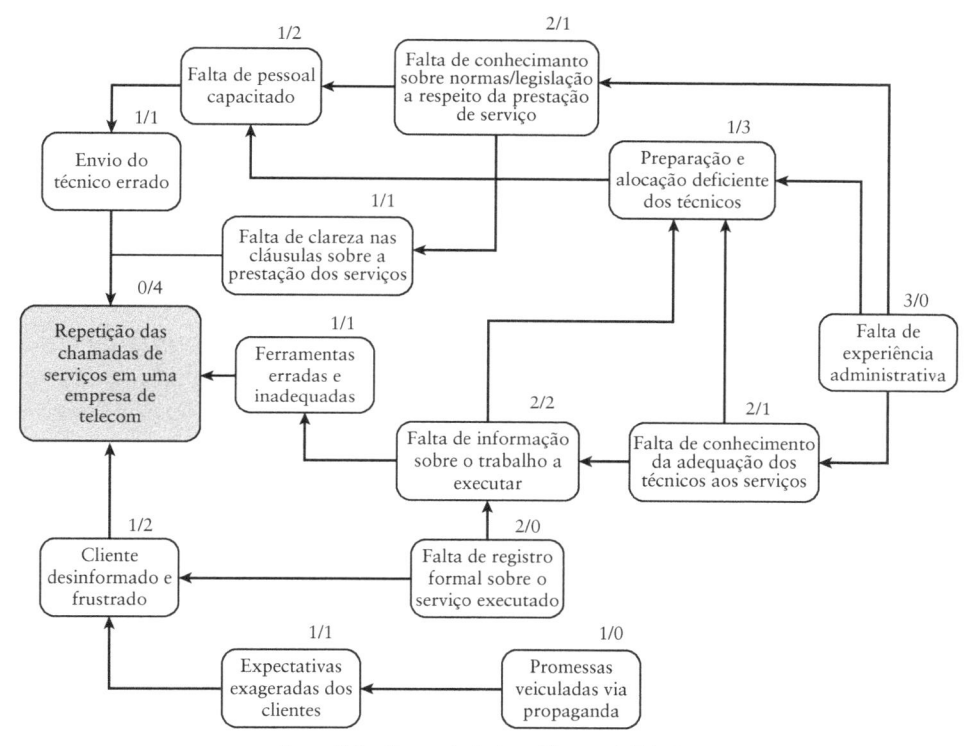

**Figura 3.2** – Representação de um Diagrama de Relações.

## 3.3.6 Diagrama de Relações: interpretação

Após a construção do Diagrama de Relações, deve-se proceder a uma apuração do número de setas que chegam e que saem de cada uma das vozes/famílias (cada uma das variáveis) utilizadas para o mapeamento das relações de causa e efeito.

Cada uma das famílias (variáveis) fica caracterizada por um par de números, em que o primeiro número indica a quantidade de setas que saem e o segundo número indicada a quantidade de setas que chegam.

- A interpretação para esse par de números é a seguinte:
- As famílias ou vozes (variáveis) que apresentam o maior número de flechas de saída/partida podem ser interpretadas como as causas básicas do problema ou situação em estudo e que, portanto, precisam ser investigadas e eliminadas.

- As famílias ou vozes (variáveis) que apresentam o maior número de flechas de entrada/chegada podem ser interpretadas como os principais sintomas ou efeitos do problema ou situação em estudo (oportunidade), indicando sobre quais variáveis se deve atuar no sentido de reduzir e minimizar fontes de insatisfação dos clientes ou fontes de perdas de qualidade, tempo e recursos no desempenho de um processo.

## 3.4 DIAGRAMA EM ÁRVORE

### 3.4.1 Descrição

O Diagrama em Árvore exibe em detalhes a ampla gama de caminhos e tarefas que precisam ser percorridos a fim de realizar o objetivo principal e cada subobjetivo relacionado. Pode ser usado para determinar a(s) causa(s) primária(s) de um problema ou criar um plano para resolver um problema. Graficamente, assemelha-se a um organograma organizacional, uma árvore genealógica ou uma estrutura analítica de projeto (WBS).

### 3.4.2 Finalidade

O Diagrama em Árvore tem como principal finalidade desdobrar, deduzir e particularizar, com o intuito de determinar o meio mais eficaz de atingir um objetivo. A ideia é estruturar, de maneira lógica e ordenada, o detalhamento/desdobramento dos assuntos-chave tratados. Esse desdobramento permite estabelecer a sequência de atividades que garantam o alcance dos objetivos e resultados desejados. Para garantir o encadeamento lógico das atividades, a construção do diagrama exige que se pergunte, sequencialmente, quais os modos e recursos necessários para perseguir um objetivo.

O Diagrama em Árvore permite também criar um foco de atenção/concentração para qualquer equipe que deseja ter certeza de que todas as etapas estão contempladas e que as conexões entre modos e recursos são lógicas e harmônicas.

### 3.4.3 Aplicação

A aplicação do Diagrama em Árvore é recomendada quando:

- se deseja determinar uma sequência lógica de ideias relacionadas com o problema, de forma que este possa ser dividido em níveis crescentes de detalhes que representem itens que podem ser transformados em ação;
- se deseja "radiografar" a forma de solucionar um determinado problema, exibindo a contribuição que se espera de cada um e os meios e recursos necessários para a concretização dos objetivos para os diferentes níveis do diagrama.

## 3.4.4 Sugestão de como fazer

Uma maneira fácil de elaborar o Diagrama em Árvore se faz por meio da utilização da técnica dos "cinco porquês". Define-se um objetivo, uma oportunidade, ou um problema a ser tratado, reúnem-se os envolvidos com o tema discutido e, de forma organizada e estruturada, inicia-se o processo de questionar o porquê aquilo acontece/ocorre.

O Diagrama em Árvore é uma ferramenta da qualidade extremamente versátil, pois pode ser utilizada tanto no desdobramento das causas que geram efeitos ou sintomas que se desejam combater, como também no desdobramento dos recursos e das ações para empreender um Plano de Ação de melhoria.

Em sua versão para o desdobramento das causas que geram efeitos ou sintomas indesejados, a construção do Diagrama em Árvore pode ser realizada utilizando-se a técnica dos "cinco porquês", como citado anteriormente, em cada passagem de nível.

Em sua versão para o desdobramento dos recursos e das ações para empreender um Plano de Ação de melhoria, a construção do Diagrama em Árvore pode ser realizada utilizando-se a pergunta "como?" em cada passagem de nível. Resumindo:

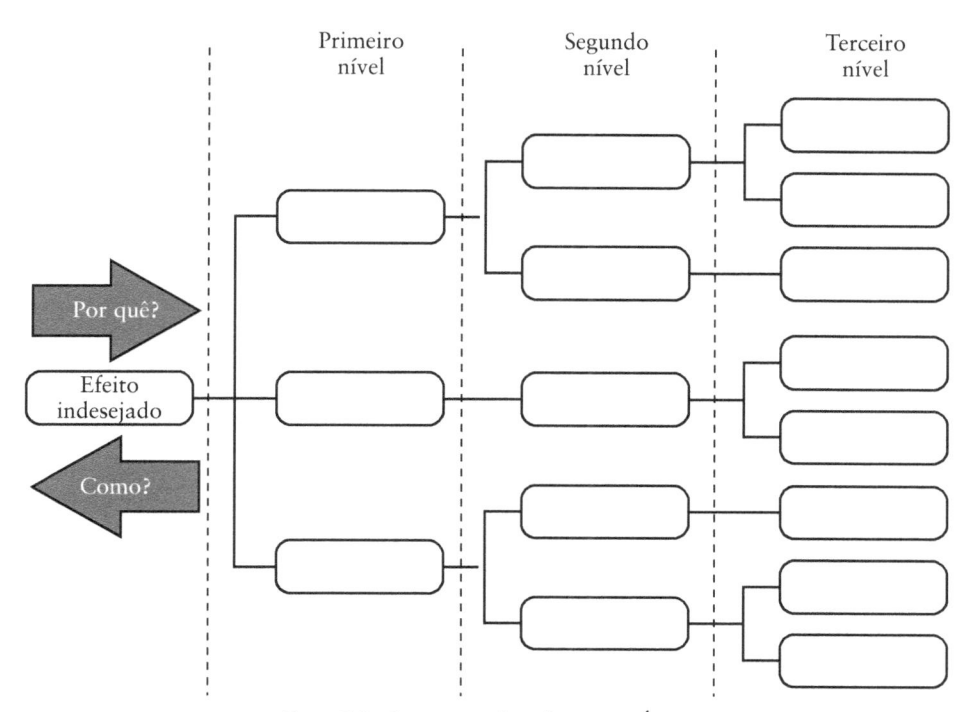

**Figura 3.3** – Representação de um Diagrama em Árvore.

## 3.4.5 Diagrama em Árvore: o Plano de Ação está pronto!

O desdobramento do Diagrama em Árvore (Figura3.4) deve ser conduzido até que se atinja um nível em que possam ser identificadas áreas de melhoria operacional para as quais seja possível claramente determinar:

- atividades ou ações cujos resultados possam ser mensurados e quantificados;
- um responsável pela coordenação e supervisão da evolução dos resultados;
- um cronograma para a implantação destacando recursos e prazos necessários.

Dificilmente será ultrapassado o quinto nível de desdobramento até que se obtenha a área de melhoria operacional (AMO).

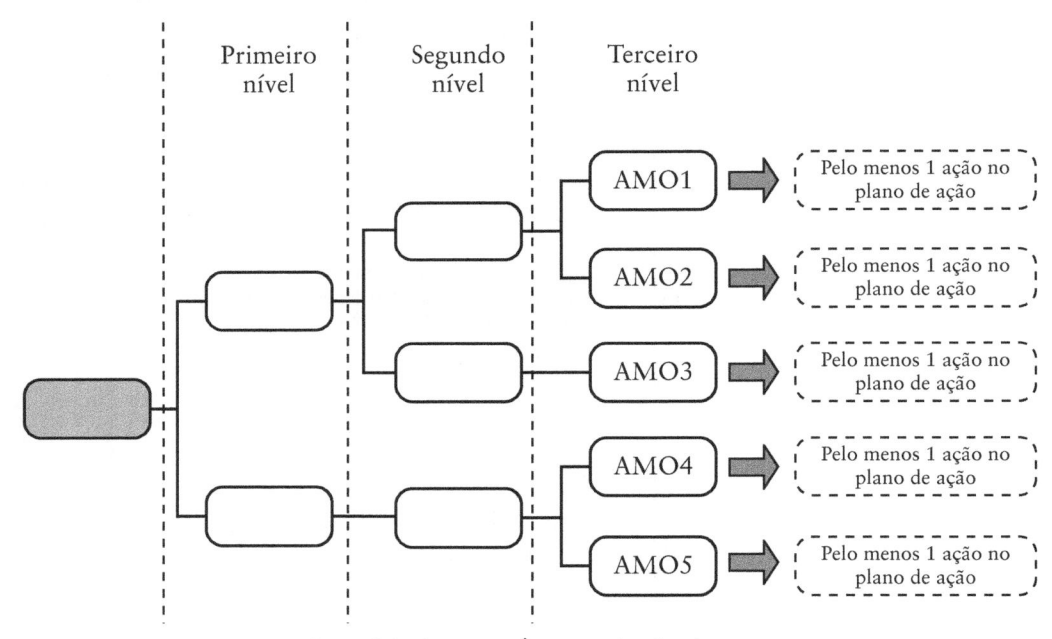

**Figura 3.4** – Diagrama em Árvore: gerando o plano de ação.

## 3.4.6 Como elaborar uma matriz de responsabilidade a partir de dois Diagramas em Árvore

Durante o planejamento de um projeto, elaborar a matriz de responsabilidades é fundamental. Uma forma prática de se elaborar a matriz de responsabilidades é por meio do cruzamento de dois Diagramas em Árvore: Organograma × Estrutura Analítica do Projeto (EAP) (do inglês, Work Breakdown Structure – WBS). A Figura 3.5 ilustra como elaborar uma matriz de responsabilidades para um projeto.

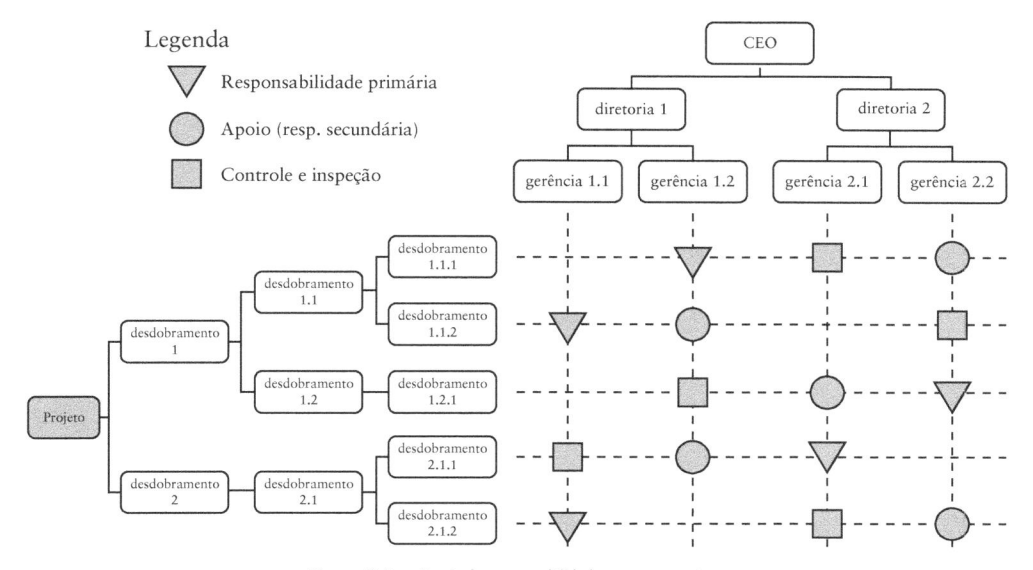

**Figura 3.5** – Matriz de responsabilidades para um projeto.

## 3.5 DIAGRAMA EM MATRIZ

### 3.5.1 Descrição

O Diagrama em Matriz é utilizado frequentemente para organizar grandes quantidades de dados, identificando e avaliando as relações existentes entre eles. O foco é minimizar a quantidade de tabelas, organizando os dados de forma criativa, aproveitando as relações entre as variáveis.

A representação gráfica em matriz permite uma compreensão rápida e clara da "rede de relacionamentos" dos diversos conjuntos de variáveis envolvidas na solução de um problema ou no planejamento de um projeto.

### 3.5.2 Finalidade

A finalidade do Diagrama em Matriz é explorar, utilizando formas de combinação distintas, possíveis relacionamentos entre as variáveis envolvidas na solução de um problema ou as variáveis envolvidas em um projeto. Também tem como finalidade exibir a importância e/ou intensidade da correlação entre essas variáveis, bem como localizar e preencher lacunas no conjunto de informações relativas ao problema ou projeto.

### 3.5.3 Aplicação

O Diagrama em Matriz pode ser desenhado em vários formatos. Os formatos mais comuns estão representados nas Figuras 3.6, 3.7, 3.8 e 3.9.

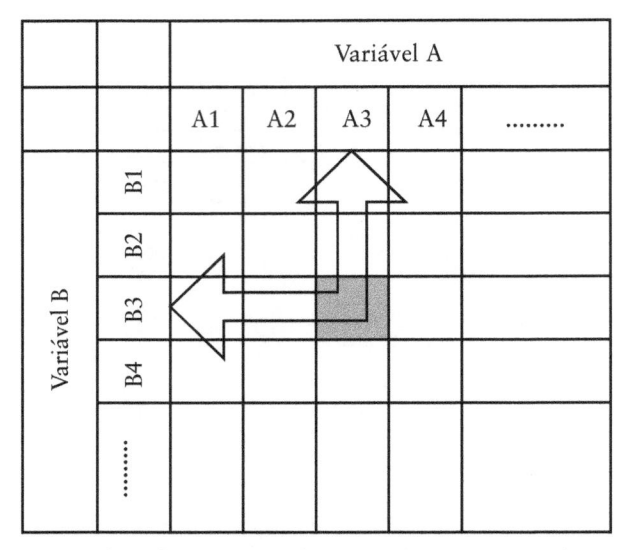

**Figura 3.6** – Matriz em "L": permite avaliar o relacionamento entre dois conjuntos de variáveis. Corresponde à matriz de uma planilha eletrônica.

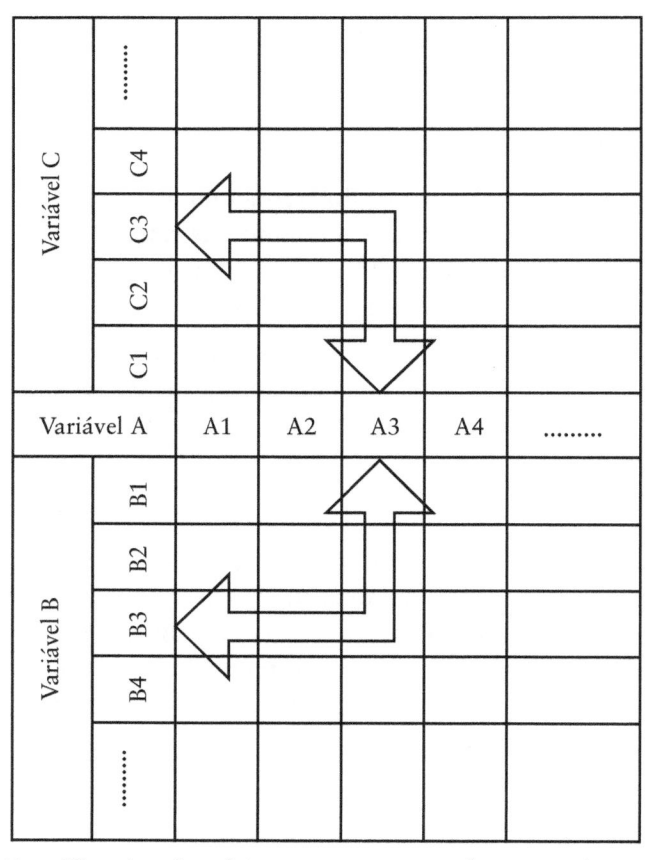

**Figura 3.7** – Matriz em "T": permite avaliar o relacionamento entre três conjuntos de variáveis, sendo que um deles se relaciona simultaneamente com os outros dois conjuntos.

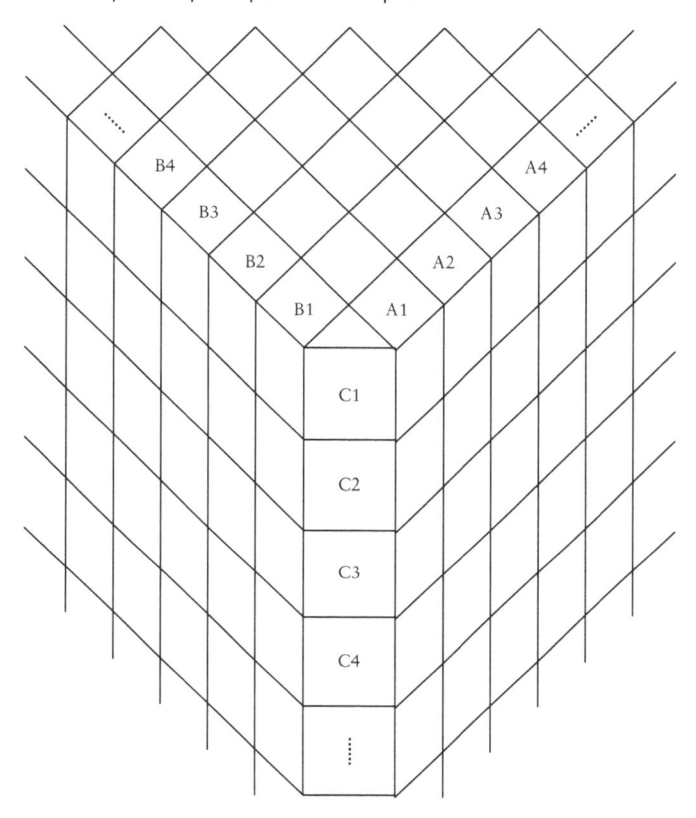

**Figura 3.8** – Matriz em "Y": permite avaliar o relacionamento, aos pares, entre três conjuntos de variáveis.

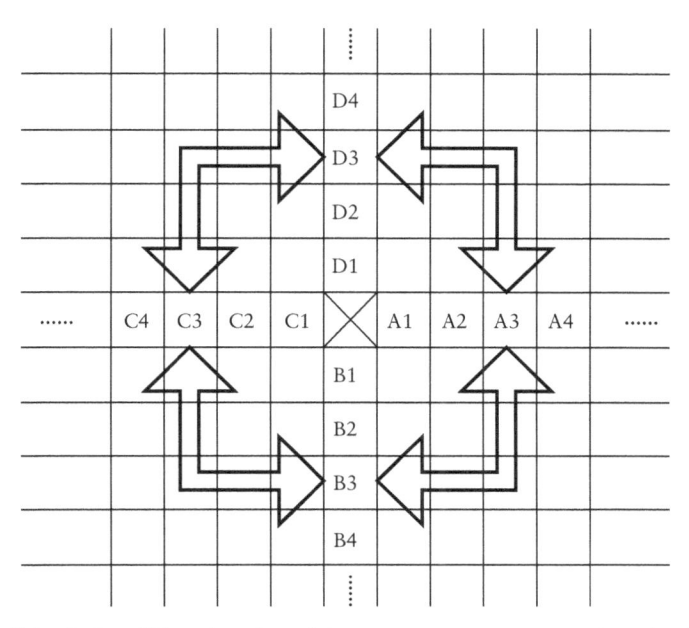

**Figura 3.9** – Matriz em "X": permite avaliar o relacionamento, aos pares, entre quatro conjuntos de variáveis.

## 3.5.4 Diagrama em Matriz: utilização

O Diagrama em Matriz é uma ferramenta extremamente versátil e, sempre que houver relações ou combinação entre as variáveis envolvidas, pode ser aplicado. Na sequência, é apresentado um exemplo de utilização dessa ferramenta na área de recursos humanos. Por meio de uma Matriz em "T", pode-se desenvolver e informar toda a empresa a respeito do plano de treinamento de um determinado ano (Figura 3.10). Perceba que, além das três variáveis envolvidas (quem ministrará o treinamento, quem será treinado e qual o tópico do treinamento), também é possível acrescentar o local e a data dos treinamentos da empresa.

Outra possibilidade real de aplicação da Matriz em "T" diz respeito ao plano de comunicação em um determinado projeto. As três variáveis envolvidas seriam:

1.  Quem será o emissor da informação/comunicação;
2.  Quem será o receptor da informação/comunicação;
3.  Qual será o meio de transmissão da informação/comunicação (relatório, e-mail, memorando, reunião presencial etc.).

| | Ferramentas da qualidade | BSC | Seis sigma | Planejamento estratégico | Marketing | Gestão de projetos | Ferramentas lean |
|---|---|---|---|---|---|---|---|
| Consultoria externa | | | | | | sala 02 | |
| Gerência | | | | | sala 03 | | |
| *Black belts* | sala 01 | | sala 02 | | | | sala 03 |
| Supervisores / chefia | | | | | | | |
| Diretoria | | sala 01 | | sala 01 | | | |
| **Quem vai treinar / Quem será treinado** | Ferramentas da qualidade | BSC | Seis sigma | Planejamento estratégico | Marketing | Gestão de projetos | Ferramentas lean |
| Produção | 17/maio | | | | | | 18/maio |
| Engenharia | | | 11/jul | | | 15/jul | |
| Vendas e MKT | | 1/set | | 5/abril | | | |
| *Green belts* | 28/nov | | 12/jul | | | 13/jul | 29/nov |
| Compras | 13/jun | 2/set | | | 25/jan | | |

**Figura 3.10** – Matriz em "T" – Plano de treinamento.

# 3.6 TÉCNICAS DE PRIORIZAÇÃO/TÉCNICAS DE REDUÇÃO

## 3.6.1 Descrição

Em ambientes corporativos ou empresariais, em geral, normalmente os recursos são limitados. Nesse contexto, os gestores precisam focar os esforços em iniciativas que tragam maiores retornos para a organização. As Técnicas de priorização/Técnicas de redução correspondem às ferramentas de natureza quantitativa empregadas nessas situações em que há a necessidade de selecionar, entre as várias alternativas, aquelas que potencialmente podem fornecer maior contribuição à empresa.

Acima de tudo, as técnicas de priorização ou redução são ferramentas quantitativas para o agrupamento, seleção e priorização de ações. Também podem ser encontradas sob o título de Diagrama de Análise dos Dados da Matriz em função do tratamento quantitativo que é adotado durante o uso da ferramenta.

## 3.6.2 Finalidade

As Técnicas de priorização/Técnicas de redução têm como finalidade evitar a dispersão de energia e recursos, focando esforços em temas ou ações mais relevantes. Sua finalidade é direcionar, focalizar e priorizar áreas de atuação ou ações. Entre as várias opções, devem-se selecionar aquelas que têm maior impacto sobre o problema, apresentam maior potencial de melhoria, proporcionam maior retorno dos investimentos, estejam gerando maiores insatisfações e provocando maiores níveis de ruído ou tumulto.

As Técnicas de priorização/Técnicas de redução buscam quantificar o potencial, ou o benefício, ou ainda o impacto das várias alternativas de ação a serem seguidas, de acordo com critérios de priorização predefinidos e acordados entre os participantes decisores.

O intuito da utilização das Técnicas de priorização ou redução é, portanto, selecionar entre um grande número de alternativas de ação aquelas julgadas mais importantes em função dos critérios de avaliação escolhidos pelo grupo.

## 3.6.3 Aplicação

As Técnicas de Priorização/Técnicas de Redução podem ser classificadas em dois grandes grupos em função da "complexidade" da análise quantitativa envolvida no processo de priorização/redução:

- "Técnicas Básicas": abrangem a aplicação de técnicas de priorização/redução mais simples como, por exemplo, as matrizes de priorização e mapas de percepção;

- "Técnicas Avançadas": abrangem a aplicação de técnicas de análise estatística multivariada como, por exemplo, a análise de agrupamento, a análise fatorial e a análise dos componentes principais.

## 3.6.4 Técnicas de priorização: exemplos

### 3.6.4.1 Matriz de priorização básica

Um grupo decisor de uma determinada empresa está discutindo quais seriam as ações para aumentar o *market-share* (parcela ou fatia do mercado) da empresa. As possíveis ações foram avaliadas segundo três critérios de avaliação: efeito sobre o lucro; potencial de melhoria e impacto sobre o desempenho. O Quadro 3.4 apresenta a matriz de priorização obtida pela empresa.

**Quadro 3.4** – Matriz de priorização (fatores x ações)

| Fatores de avaliação<br><br>Ações sugeridas | Efeito sobre o lucro<br><br>(Peso = 4) | Potencial de melhoria<br><br>(Peso = 3) | Impacto sobre o desempenho<br><br>(Peso = 5) | Pontuação total |
|---|---|---|---|---|
| Reduzir preços | Nota simples = 3<br><br>Nota ponderada = 12 | Nota simples = 2<br><br>Nota ponderada = 6 | Nota simples = 3<br><br>Nota ponderada = 15 | 33 |
| Aumentar propaganda | Nota simples = 3<br><br>Nota ponderada = 12 | Nota simples = 4<br><br>Nota ponderada = 12 | Nota simples = 3<br><br>Nota ponderada = 15 | 39 |
| Reduzir custos de produção | Nota simples = 5<br><br>Nota ponderada = 20 | Nota simples = 4<br><br>Nota ponderada = 12 | Nota simples = 2<br><br>Nota ponderada = 10 | 42 |
| Melhorar a qualidade do produto | Nota simples = 5<br><br>Nota ponderada = 20 | Nota simples = 4<br><br>Nota ponderada = 12 | Nota simples = 4<br><br>Nota ponderada = 20 | 52 |
| Melhorar a qualidade do serviço | Nota simples = 5<br><br>Nota ponderada = 20 | Nota simples = 5<br><br>Nota ponderada = 15 | Nota simples = 5<br><br>Nota ponderada = 25 | 60 |
| Promoção e *merchandising* | Nota simples = 4<br><br>Nota ponderada = 16 | Nota simples = 3<br><br>Nota ponderada = 9 | Nota simples = 3<br><br>Nota ponderada = 15 | 40 |

De acordo com a matriz de priorização apresentada no Quadro 3.4, a ação "melhorar a qualidade do serviço" deverá ser priorizada no intuito de aumentar o *market-share* da empresa.

### 3.6.4.2 Metodologia "GUT" (gravidade – urgência – tendência)

Técnica de priorização utilizada, sobretudo pela indústria japonesa. Consiste na multiplicação de três notas de avaliação: nota do fator gravidade, nota do fator urgência e nota do fator tendência. Os três fatores de avaliação possuem notas variando de um a cinco. Serão priorizadas as ações que possuírem maiores escores na multiplicação das três notas. As escalas para as aplicações das notas estão apresentadas nos Quadros 3.5, 3.6 e 3.7.

**Quadro 3.5** – Notas de gravidade

| GRAVIDADE | Decorre do dano ou prejuízo que a situação pode causar |
|---|---|
| Nota 5 | O dano é extremamente importante |
| Nota 4 | O dano é muito importante |
| Nota 3 | O dano é importante |
| Nota 2 | O dano é relativamente importante |
| Nota 1 | O dano é pouco importante |

**Quadro 3.6** – Notas de urgência

| URGÊNCIA | Tempo que se dispõe para atacar ou resolver a situação |
|---|---|
| Nota 5 | A ação a ser tomada é muito urgente |
| Nota 4 | A ação a ser tomada é urgente |
| Nota 3 | A ação a ser tomada é relativamente urgente |
| Nota 2 | A ação a ser tomada pode aguardar |
| Nota 1 | Não há pressa para que a ação seja tomada |

**Quadro 3.7** – Notas de tendência

| TENDÊNCIA | Corresponde ao padrão de desenvolvimento da situação |
|-----------|------------------------------------------------------|
| Nota 5 | Se não fizer nada, a situação piorará (crescer) muito |
| Nota 4 | Se não fizer nada, a situação piorará (crescer) |
| Nota 3 | Se não fizer nada, a situação permanecerá |
| Nota 2 | Se não fizer nada, a situação melhorará (desaparecer) |
| Nota 1 | Se não fizer nada, a situação melhorará completamente |

## 3.6.4.3 FMEA – Análise de modo e efeito de falhas

A Análise de Modo e Efeito de Falhas (FMEA – Failure Mode and Effects Analysis) é uma abordagem disciplinada que objetiva identificar, antecipadamente, problemas potenciais, seus respectivos efeitos e suas possíveis causas, a fim de estabelecer mecanismos de detecção, controle e intervenção para assegurar a qualidade e confiabilidade requeridas pelo cliente.

A primeira aplicação formal do FMEA como disciplina deu-se na Indústria Aeroespacial Americana (Nasa) em meados dos anos 1960. Atualmente, sua maior aplicação ocorre na indústria automobilística e o principal uso e objetivo dessa ferramenta é auxiliar os engenheiros e técnicos a aplicarem os conceitos de prevenção e melhoria contínua durante o desenvolvimento de um projeto ou processo de fabricação.

O uso do FMEA está disseminado nas empresas que possuem forte atuação no projeto de desenvolvimento de novos produtos e serviços, pois contribui de forma significativa para redução dos custos e do tempo de desenvolvimento e do número de modificações de projetos de produtos e processos. A finalidade do FMEA é prevenir a ocorrência de problemas e esse recurso deve ser desenvolvido por meio da contribuição do trabalho em equipe. Dessa forma, pode-se concluir que o FMEA é uma ferramenta que segue uma análise sistemática para orientar e evidenciar, de forma preventiva, as falhas em potencial dos produtos e processos em desenvolvimento, de modo que suas respectivas causas sejam identificadas/analisadas e se possam tomar ações preventivas antes da ocorrência dessas falhas.

FMEA → foco na prevenção de problemas

As principais contribuições do FMEA são:
- reduzir o ciclo de introdução de novos produtos ou processos;
- revisar processos com desempenho insatisfatório;

- reduzir o volume de alterações/retrabalhos;
- diminuir progressivamente a carga de trabalho necessária ao desenvolvimento de novos processos;
- reduzir problemas na operação;
- promover a integração e o trabalho multifuncional;
- documentar e divulgar os riscos provenientes do desenvolvimento de produtos e processos;
- evitar que falhas de projeto do produto ou falhas de processos cheguem ao cliente.

A aplicação do FMEA permite a obtenção do NPR (número de prioridade de risco), que consiste na multiplicação dos três elementos-chave do FMEA:

- severidade (efeito da falha);
- ocorrência (causas da falha);
- detecção (controles ou salvaguardas).

$$NPR = Severidade \times Ocorrência \times Detecção$$

Os três elementos constituintes do NPR recebem notas variando de um a dez. São priorizados os modos de falhas que possuírem maiores escores na multiplicação das notas dos três elementos. A Figura 3.11 ilustra a relação entre os três elementos constituintes do NPR, tanto no FMEA de processo quanto no FMEA de produto (ou componente).

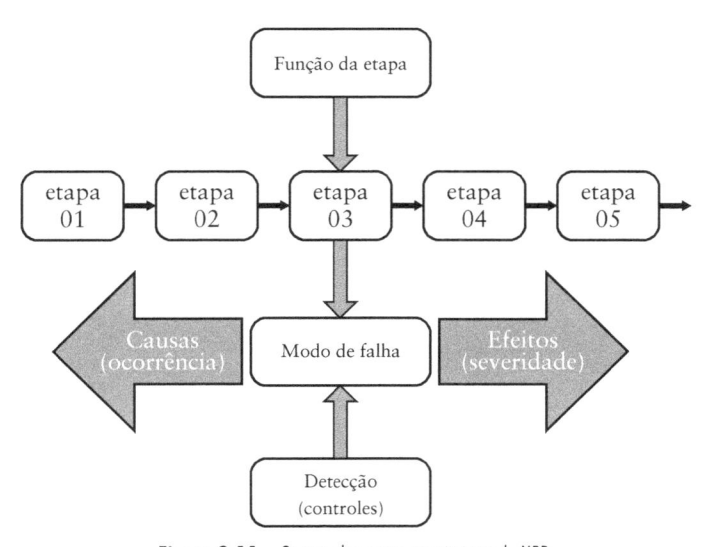

**Figura 3.11** – Os três elementos constituintes do NPR.

A função da etapa do processo ou do item do produto em estudo expressa a necessidade que a etapa ou item precisam satisfazer, ou seja, "a atividade ou uso para o qual a etapa do processo ou item se destinam". A função do item deve ser indicada de forma tão concisa quanto possível e, além disso, devem der incluídas informações relativas às especificações e às condições ambientais em que a etapa do processo ou item do produto devem operar. Recomenda-se que a função esteja no formato: verbo no infinitivo mais substantivo.

O Modo de Falha é definido como a maneira pela qual um sistema/componente e/ou uma operação/atividade pode falhar e não cumprir sua função preestabelecida. O modo de falha é a maneira como a falha se manifesta, ou seja, é a forma pela qual o item deixa de atender aos requisitos do projeto/processo e as expectativas do cliente.

O Efeito da Falha no FMEA corresponde à descrição das consequências dos modos de falhas, sob o ponto de vista do que o cliente interno ou externo pode sofrer, em termos de requisitos de uso, função ou situação do produto. O Efeito da Falha indica basicamente os sintomas resultantes das falhas potenciais. Quanto mais grave o Efeito da Falha, mais crítico e maior o escore da avaliação.

A causa de um Modo de Falha pode ser definida como a razão pela qual ocorrerá o Modo de falha, ou seja, é a indicação do ponto fraco do projeto ou do processo, cuja consequência é o Modo de falha. Um mesmo tipo de falha pode ser consequência de várias causas distintas. As causas devem ser descritas de maneira mais completa e específica possível, de modo a orientar ações preventivas para cada uma delas. Quanto mais frequente a falha, mais crítico e maior o escore da avaliação.

A Detecção é uma estimativa da probabilidade de se detectar a falha, no ponto existente e com a precisão e exatidão necessárias, baseando-se nas formas de controle de detecção previstas e existentes. Quanto menos mecanismos de controles e detecção existirem, menores serão as probabilidades de identificação e atuação sobre o modo de falhas e sobre as causas, e maior será o escore da avaliação.

Como forma de ilustração, o Quadro 3.8 apresenta a planilha geralmente utilizada no FMEA de processos em empresas do setor automotivo.

**Quadro 3.8** – Sequência para aplicação do FMEA

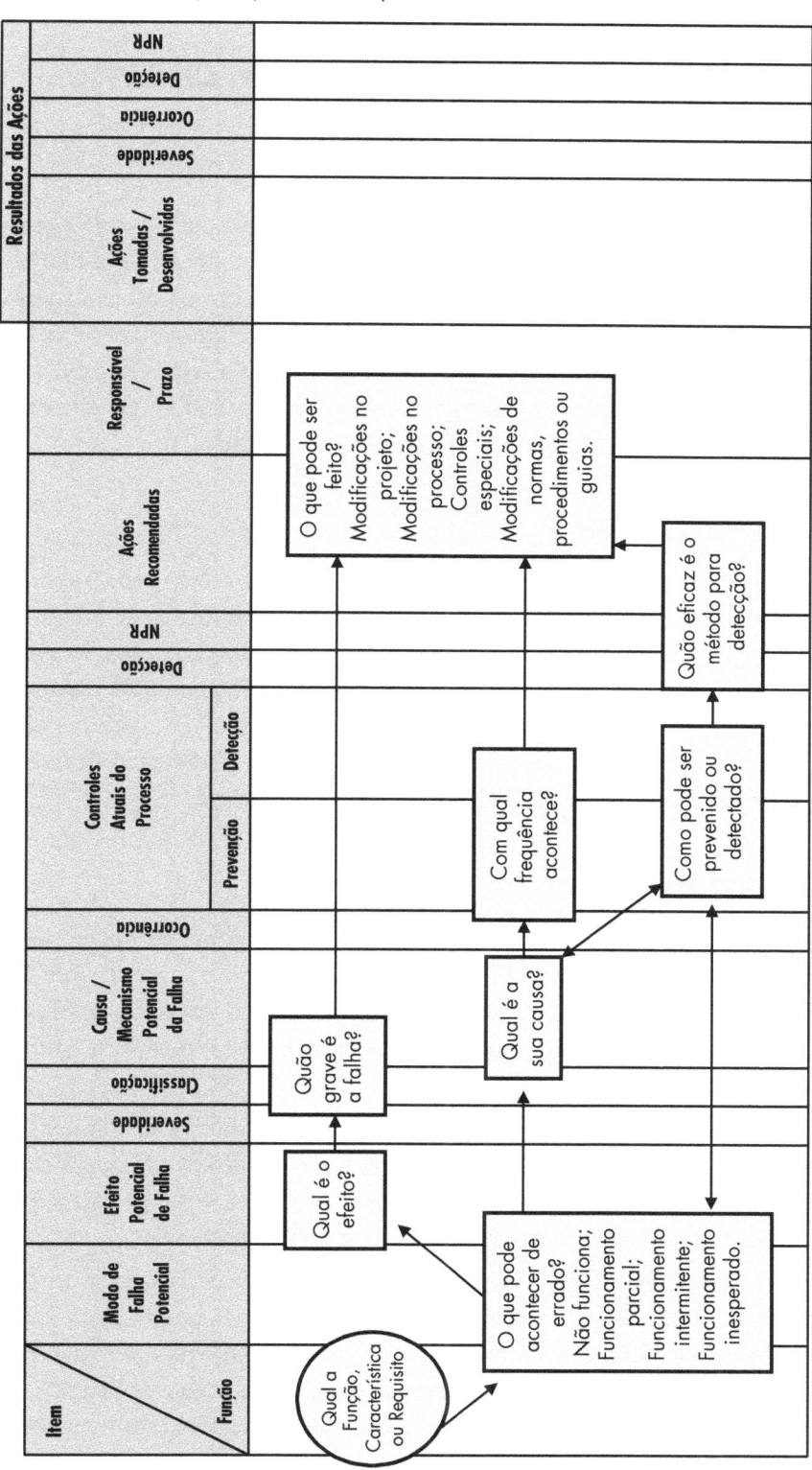

## 3.7 DIAGRAMA PDPC
## (*PROCESS DECISION PROGRAM CHART*)

### 3.7.1 Descrição

O Diagrama PDPC é uma ferramenta que procura exibir eventos prováveis e contingências que podem ocorrer na implantação de um Plano de Ação ou de um projeto. Objetiva identificar medidas/caminhos alternativos em resposta aos problemas que possam surgir durante a implantação e/ou aplicação de um plano ou projeto. Essa ferramenta é usada para planejar cada possível sequência/encadeamento de eventos que precisam ocorrer quando o problema ou objetivo a ser atingido não é familiar ou plenamente conhecido.

### 3.7.2 Finalidade

A finalidade do Diagrama PDPC é identificar, *a priori*, todas as variações e incertezas inerentes ao meio ambiente que possam afetar a busca/o caminho em direção aos objetivos e metas. O Diagrama PDPC procura não apenas antecipar possíveis desvios de rota, mas também desenvolver planos de contingências/planos alternativos para lidar com as incertezas e desenvolver medidas alternativas que previnam a ocorrência de desvios. Além disso, na ocorrência de eventuais desvios, as ações alternativas já estão previamente planejadas.

### 3.7.3 Aplicação

O Diagrama PDPC pode ser adotado para projetos em geral. Desde o projeto de instalação de uma nova máquina até a realização de uma intervenção de manutenção com o objetivo de antecipar todos os possíveis imprevistos que possam acontecer e delinear alternativas que evitem atrasos, interrupções ou custos desnecessários.

Esse diagrama é extremamente útil para garantir que todas as atividades envolvidas no desenvolvimento e na introdução de novos produtos sejam analisadas previamente para a identificação de pontos vulneráveis e preparação de planos alternativos para combater barreiras e problemas potenciais.

O Diagrama PDPC traz contribuições significativas para qualquer grupo de trabalho envolvido na realização de atividades em que o mapeamento de acontecimentos críticos e a elaboração prévia de caminhos alternativos são fatores críticos para assegurar o sucesso da ação. Para a sua aplicação, recomenda-se explorar ao máximo o conhecimento das pessoas, bem como as lições aprendidas de projetos anteriores.

### 3.7.4 Diagrama PDPC: exemplo de utilização

Uma utilização prática do Diagrama PDPC é durante o processo de planejamento de um projeto. Basta utilizar a árvore do projeto (EAP – estrutura analítica do projeto) como ponto de partida. Em cada pacote de atividade da EAP questionar o que poderia ocorrer de errado e quais seriam as ações ou rotas alternativas (Plano "B") caso esses desvios ocorressem. A Figura 3.12 ilustra a aplicação do Diagrama PDPC em projetos.

Em função das possíveis barreiras ou problemas identificados, buscam-se definir, antecipadamente, ações e planos alternativos a serem acionados, caso os imprevistos ou problemas especulados realmente se manifestem, tendo em vista assegurar que todas as etapas planejadas da ação programa sejam cumpridas sem prejuízo aos prazos, à qualidade e ao orçamento, preestabelecidos.

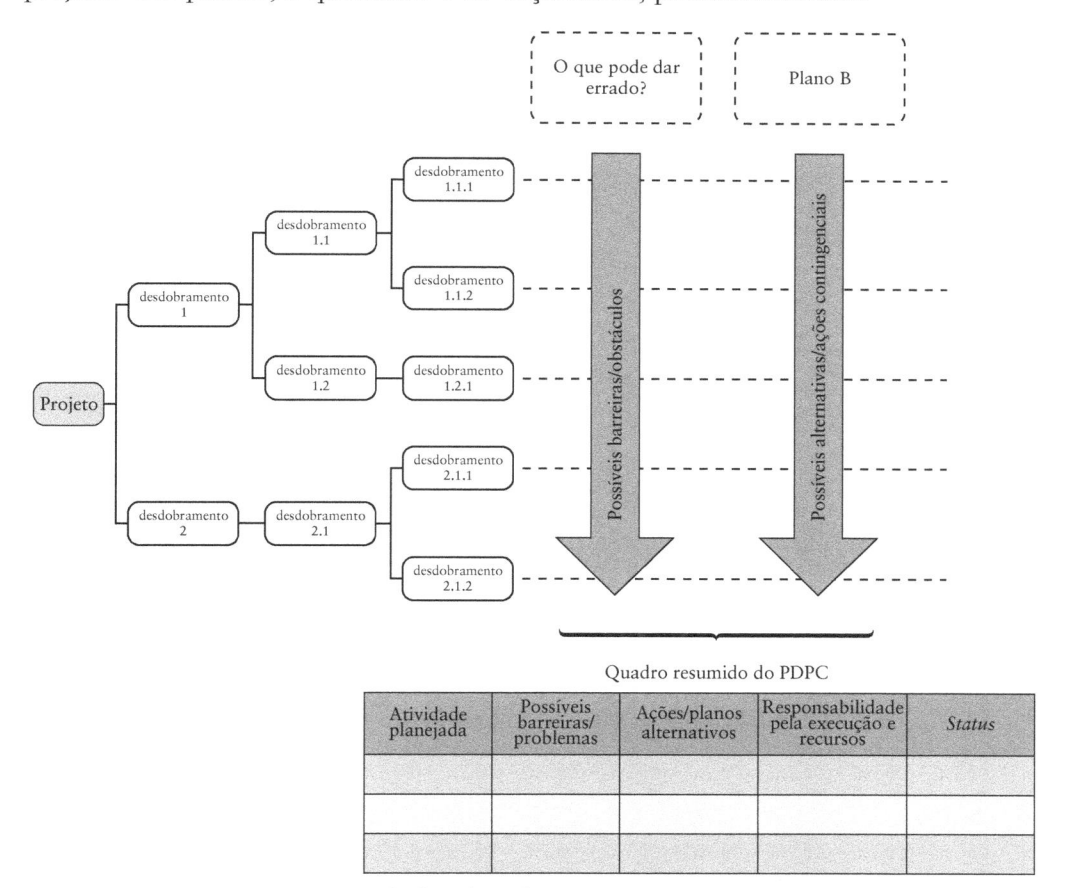

**Figura 3.12** – Aplicação do Diagrama PDPC em projetos.

Outra forma prática de utilizar a ferramenta ocorre em processos, utilizando o fluxograma como ponto de partida. A Figura 3.13, a seguir, ilustra a aplicação do Diagrama PDPC em um processo de interrupções de emissões de faturas.

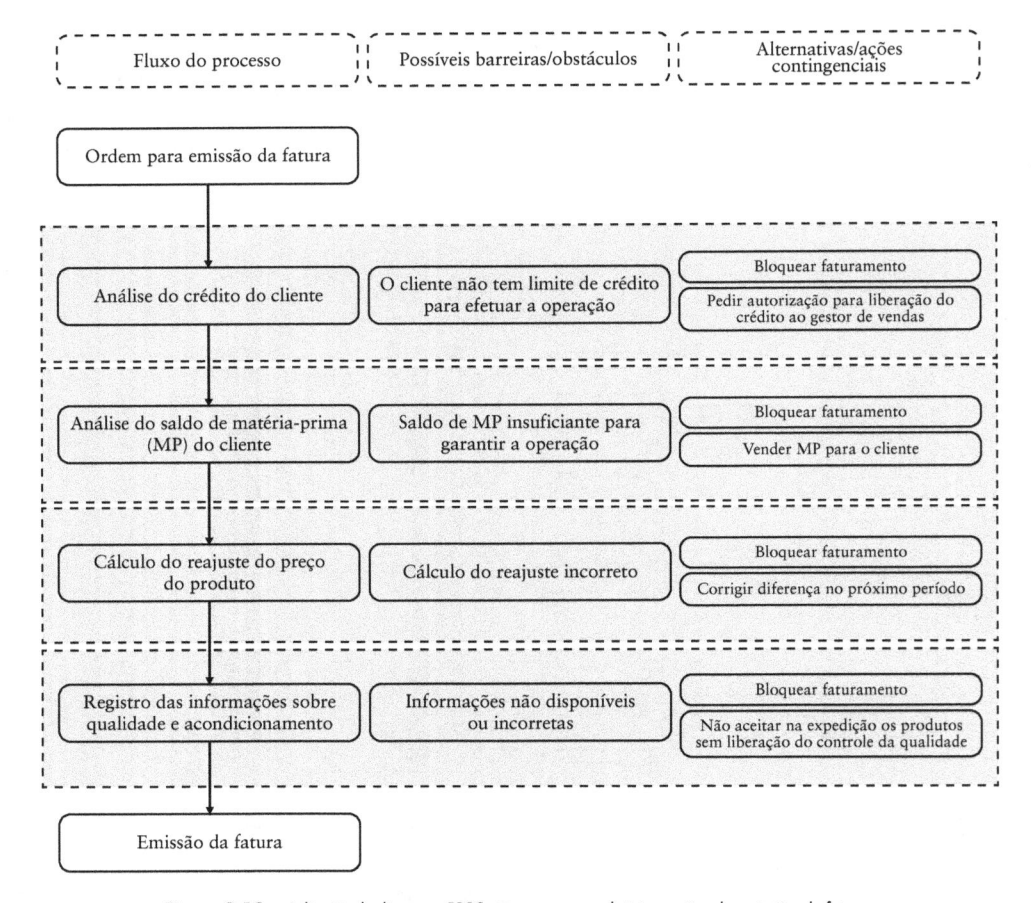

**Figura 3.13** – Aplicação do diagrama PDPC em um processo de interrupções de emissões de faturas.

# 3.8 DIAGRAMA DE REDE DE ATIVIDADES/ DIAGRAMA DE FLECHAS

## 3.8.1 Descrição

O Diagrama de Rede de Atividades é empregado para planejar a distribuição mais adequada das atividades ao longo do tempo, tendo em vista a execução de qualquer projeto ou atividade/tarefa complexa e seus respectivos desdobramentos.

O Diagrama de Rede de Atividades ou Flechas possui grande importância na gestão de projetos, nos quais, normalmente, recebe o nome de técnica de caminho crítico (do inglês, Critical Path Method – CPM). Identificando a relação de dependência e precedência entre as atividades, projeta-se a duração estimada para completar a atividade e os tempos de início e fim de cada tarefa (com suas respectivas folgas) que garantam a aderência/cumprimento do prazo. Essa ferramenta é utilizada quando a atividade/tarefa enfocada é familiar, bem como o tempo de duração de cada tarefa é relativamente bem conhecido.

## 3.8.2 Finalidade

O Diagrama de Rede de Atividades é, em essência, uma ferramenta para gerenciamento do tempo de execução de uma atividade ou tarefa. Dessa forma, sua estrutura, sequência de montagem e interpretação são também semelhantes às das técnicas do PERT (Program Evaluation and Review Technique). O Diagrama de Rede de Atividades concentra sua atenção sobre as ações que podem ser eliminadas de um plano, quais podem ter uma redução em seu tempo de conclusão ou ações que podem ser processadas em paralelo, buscando sempre as alternativas para a otimização do cronograma de execução.

## 3.8.3 Aplicação

O Diagrama de Rede de Atividades ou Flechas pode ser aplicado quando:

- a atividade ou tarefa a ser executada é composta de várias etapas que consomem os mesmos recursos, mas que apresentam tempo de duração distintos;
- a atividade ou tarefa é crítica para o sucesso do plano ou projeto;
- quando existem caminhos simultâneos de implantação que devem ser coordenados.

Além disso, o Diagrama de Rede de Atividades ou Flechas pode ser aplicado quando for necessário direcionar os recursos ou esforços das tarefas com maior folga para as tarefas que estão no caminho crítico, a fim de minimizar ou eliminar os gargalos que podem comprometer o *lead-time* da atividade ou tarefa.

### 3.8.4 Diagrama de Rede de Atividades: exemplo de utilização

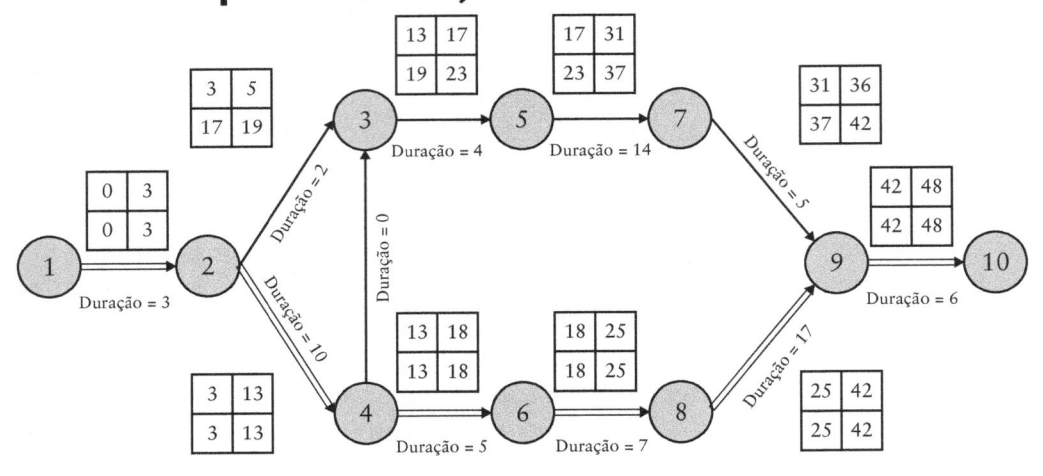

Legenda:

| PI | PT |
|----|----|
| UI | UT |

PI – Primeira data de início
UI – Última data de início
PT – Primeira data de término
UT – Última data de término

Folga:

$$(UT - PT) \quad ou \quad (UI - PI)$$

Caminho crítico:

$$1 \rightarrow 2 \rightarrow 4 \rightarrow 6 \rightarrow 8 \rightarrow 9 \rightarrow 10$$

**Figura 3.14** – Representação de um Diagrama de Rede de Atividades.

## 3.8.5 Diagrama de Rede de Atividades: uma aplicação para a Gestão à Vista – "CPMAC" – Método do Caminho Crítico com Adição de Cartões

Em ambientes de projetos, pode-se fixar o Diagrama de Rede de Atividades no ambiente de trabalho próximo às pessoas. Nessa situação, a comunicação ocorrerá via cartões de causa e sugestão preenchidos pelos profissionais que apresentarão as causas dos atrasos, desvios de escopo e/ou orçamento, e também poderão apresentar sugestões para correções desses desvios. A Figura 3.15 ilustra uma possível utilização do Diagrama de Rede de Atividades como ferramenta de Gestão à Vista.

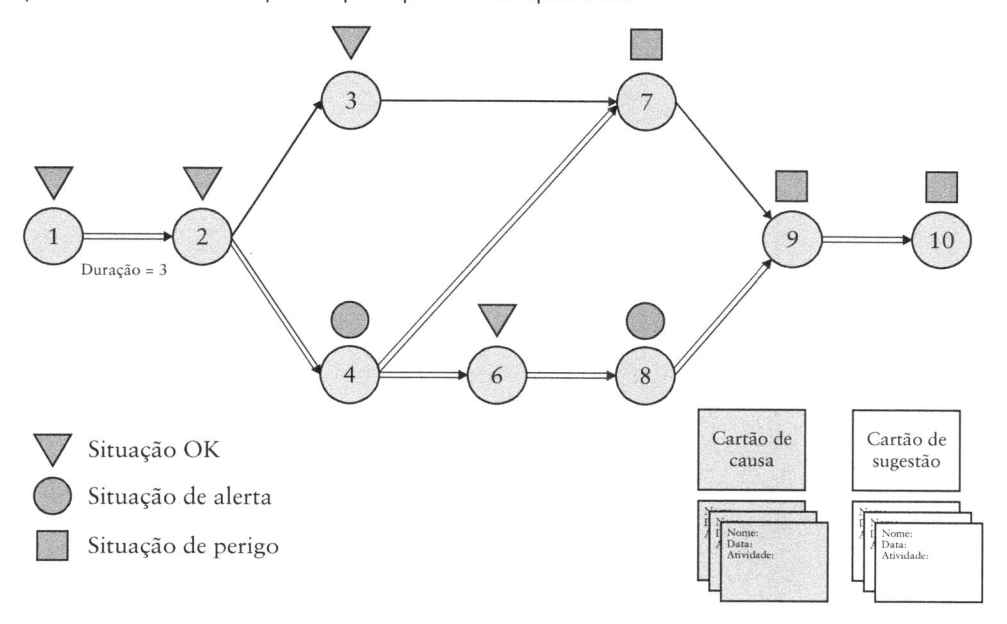

**Figura 3.15** – O Diagrama de Rede de Atividades e a Gestão à Vista.

# REFERÊNCIAS BIBLIOGRÁFICAS

BERNOLAK, I. *Succeed with productivity and quality*: how to do better with less. New York: ASQC Quality Press, 2009.

BRASSARD, M.; RITTER D. *The memory jogger 2*: tools for continuous improvement and Effective Planning. 2. ed. GOAL/QPC, 2010.

MIZUNO, S. *Management for quality improvement*: the seven new QC tools. Cambridge, Mass.: Productivity Press, 1988.

TAGUE, N. R. *Quality toolbox*. Milwaukee. Wi: ASQC Press, 2005.

TETSICHI, A. *Handbook of quality tools*: the japonese approach. Cambridge: Productivity Press, 1990.

# 4

# GERENCIAMENTO PELAS DIRETRIZES

## 4.1 FUNDAMENTOS DO GERENCIAMENTO PELAS DIRETRIZES

Todas as organizações precisam produzir resultados para vencer, para "sobreviver em longo prazo". Para isso, têm de planejar seu trabalho e executar seus planos. Por essa razão, antes de apresentar o gerenciamento pelas diretrizes e o desdobramento das diretrizes, serão apresentados conceitos a respeito de gerenciamento e desdobramento de estratégias.

Estratégia é um Plano de Ação (caminho) destinado a alcançar um objetivo estabelecido. O gerenciamento estratégico engloba os processos de desenvolver, avaliar e tomar decisões para fazer com que uma organização atinja seus objetivos de médio e longo prazo. Uma organização, ao estabelecer seu planejamento estratégico, precisa responder às seguintes questões:

a.  A Missão, a visão e a estratégia, são conhecidas e interpretadas corretamente por todos os envolvidos?

b.   Os Valores e as crenças estão claramente definidos e profundamente conhecidos por todos os envolvidos?

c.   Os valores e as crenças são específicos, próprios e reconhecidamente importantes?

## 4.2 DIRECIONAMENTO ESTRATÉGICO

O processo de planejamento estratégico pode ser desdobrado nas seguintes partes:

a.   Avaliação: uma análise do desempenho atual.

b.   Missão: o que se faz. A razão da existência.

c.   Visão: o que se pretende ser.

d.   O Plano Estratégico: como chegar ao que pretendemos, a partir de nosso desempenho atual.

e.   Um Plano de Ação: como estabelecer planos de ação de curto prazo para alcançar os objetivos de longo e de médio prazo.

O desdobramento estratégico orienta o planejamento e as ações em todo fluxo de valor de uma organização, estabelecendo as relações entre as necessidades da organização e suas atividades cotidianas. Esse desdobramento deve ser realizado por meio de procedimentos metódicos de introdução de atividades, processos, projetos, programas ou sistemas para todas as áreas da organização. Trata-se de uma abordagem *top down* (de cima para baixo), e também uma abordagem analítica.

## 4.3 OBJETIVOS ESTRATÉGICOS

Os objetivos estratégicos são o que a maioria das pessoas pensa quando se refere à estratégia. Os objetivos estratégicos correspondem ao que foi concordado entre os executivos da alta administração, e traduzem a visão da empresa.

Para cada aspecto da visão deve ser definido um objetivo e um nível alvo. Em alguns casos, pode ser desejável definir dois níveis para cada objetivo. O primeiro será o nível mínimo que será considerado aceitável. O segundo será um objetivo ampliado, ou seja, o segundo número representará um nível mais alto que é desejável, mas não é garantido. Obviamente, a segunda categoria é ótima e, se for utilizada em um objetivo estratégico, normalmente terá algum tipo de incentivo ou prêmio associado a ela.

Em qualquer discussão de objetivos estratégicos, uma questão que sempre deve ser levantada é: "Qual é o número certo de objetivos?". Apesar de não existir um número específico, que seja sempre o número correto a ser utilizado, este é um caso no qual o princípio da concisão tem seu mérito. O fato de incluir mais objetivos não aumenta automaticamente a qualidade do planejamento estratégico. De maneira geral, cinco a dez objetivos estratégicos, em geral, são suficientes para cobrir os aspectos mais importantes da visão da empresa. A inclusão de mais objetivos normalmente significa que objetivos menos importantes estão sendo introduzidos e que está se desviando a atenção com relação aos objetivos mais importantes.

Os objetivos estratégicos não podem ser um conjunto de características escolhidas ao acaso. Eles devem atender alguns critérios a fim de qualificar sua inclusão no plano estratégico da empresa:

- Um objetivo estratégico deve ser alcançável. Existem vários casos nos quais, por várias razões (nenhuma das quais é válida), um objetivo é incluído apesar de não poder ser cumprido ou atingido.
- Um objetivo estratégico deve ser significativo para todos os níveis da organização, ou seja, o objetivo deve ser relevante tanto para o nível estratégico, quanto para o tático e o operacional.
- Um objetivo estratégico deve ser compreensível, ou seja, o objetivo e as suas métricas associadas devem ser compreensíveis por todos os envolvidos.
- Um objetivo estratégico deve ser mensurável. Métricas são relevantes e devem ser aferidas com esforço e dificuldade mínimos. Se não é possível medir algo para representar um objetivo estratégico, este objetivo não tem valor e não deve ser incluído no plano estratégico.
- Um objetivo estratégico deve ser incluído em um plano estratégico somente se ele representa algo que é controlável, ou seja, os envolvidos com o objetivo devem possuir a habilidade de exercer controle sobre os fatores que o determinam ou afetam.

## 4.4 ALINHAMENTO ENTRE ESTRATÉGIAS E OPERAÇÕES

Entre os métodos de desdobramento de estratégias conhecidos destacam-se:

a. O gerenciamento por objetivos (Management by Objectives – MBO) – desdobramento em cascata, pela estrutura da organização, de forma que os objetivos e metas alcancem a objetivos específicos e operacionais para todas as áreas da organização, em conjunto com um sistema avaliação de seu desempenho.

b. O gerenciamento pelas diretrizes (Management by Policy – MBP) – pode ser entendido como uma aplicação do ciclo PDCA ao processo de gerenciamento.

c. Os indicadores balanceados de desempenho (Balanced Scorecard – BSC) – visão da organização desdobrada em quatro perspectivas, associadas a métricas, coleta e análise de dados, e sistemas de Gestão à Vista.

## 4.5 O GERENCIAMENTO PELAS DIRETRIZES

O gerenciamento pelas diretrizes identifica iniciativas de mudanças, seleciona objetivos para as mudanças, identifica as medidas críticas de desempenho, define projetos para alcançar esses objetivos e aloca recursos para sua execução. Combina as metas e os meios para alcançá-las. Os meios para atingir as metas definem um conjunto de ações específicas para o alcance dos objetivos estratégicos estabelecidos.

A palavra japonesa Hoshin pode ser interpretada como política, diretriz ou, ainda, metas e meios. Outra palavra japonesa Kanri pode ser interpretada como planejamento, mas também pode ser entendida como gerenciamento. Dessa forma, também poderíamos entender a expressão japonesa Hoshin Kanri como Gerenciamento de Metas e Meios.

Por meio do gerenciamento pelas diretrizes, são criadas condições para o gerenciamento das prioridades da organização no dia a dia. Trata-se de uma sistemática para desdobrar e alinhar a organização em torno de seus objetivos estratégicos, mostrando a contribuição que deve ser dada por suas áreas ou setor, ou seja, por meio desse processo de gerenciamento desdobram-se objetivos gerais em objetivos específicos para cada área ou setor, e são estabelecidos planos de ação para o atendimento das prioridades estabelecidas.

Ao desdobrar as diretrizes, é possível conferir autonomia às diferentes partes da organização permitindo estabelecer, de modo colaborativo, o que cada segmento da organização deve fazer, ou seja, que contribuição cada área deve dar e como deve proceder, utilizando indicadores de desempenho apropriados e planos de ação consistentes.

O gerenciamento pelas diretrizes contempla cinco elementos:

1. Declaração de um objetivo almejado: definição da direção a ser seguida pela organização.
2. Resultados ou metas a atingir (valores que se pretende atingir) escalonados no tempo.
3. Uma data limite até a qual as metas devem ser atingidas.
4. Restrições a obedecer (condições de contorno).
5. Orientações para estabelecer os meios e processos (linhas mestras).

O Quadro 4.1 ilustra, por meio de um exemplo, os cinco elementos do gerenciamento pelas diretrizes.

**Quadro 4.1** – Cinco elementos do gerenciamento pelas diretrizes

| Direção | Resultado quantitativo | Objetivo temporal | Condições de contorno | Linhas mestras |
|---------|------------------------|-------------------|-----------------------|----------------|
| Aumento de participação no mercado (Market share) | De: 40% Para: 70% | Prazo de 02 anos | Não aviltar preços<br><br>Não prejudicar a qualidade do produto | Captar e atender as necessidades dos clientes<br><br>Desenvolver novos produtos<br><br>Reduzir o tempo para lançamento de novos produtos |

O gerenciamento pelas diretrizes permite articular uma organização em termos de alguns elementos chave, como pode ser observado no Quadro 4.2, a seguir.

**Quadro 4.2** – Elementos de articulação

| Objetivo ou meta | Direção e valor |
|------------------|-----------------|
| Área de atuação | Onde atuar |
| Modo de atuação | Como atuar |
| Responsabilidades | Quem faz o quê |
| Recursos | Com quanto |
| Tempo | Em que ocasião e com que frequência |

Para chegar ao Quadro 4.2, as principais etapas e as responsabilidades por essas etapas podem ser visualizadas no Quadro 4.3.

**Quadro 4.3** – Responsabilidades pelos elementos

| O que é feito | Quem faz |
|---|---|
| Análise crítica dos resultados face aos objetivos estabelecidos, necessidades futuras e auditorias da alta direção | Alta Administração |
| Formulação e explicitação das diretrizes face às necessidades futuras, avaliação dos resultados e das auditorias da alta direção | Alta Administração |
| Desdobramento vertical e implantação das diretrizes | O conjunto de níveis hierárquicos da direção |

## 4.6 O PROCESSO DO GERENCIAMENTO PELAS DIRETRIZES

O fluxo das etapas a desenvolver pode ser observado na Figura 4.1.

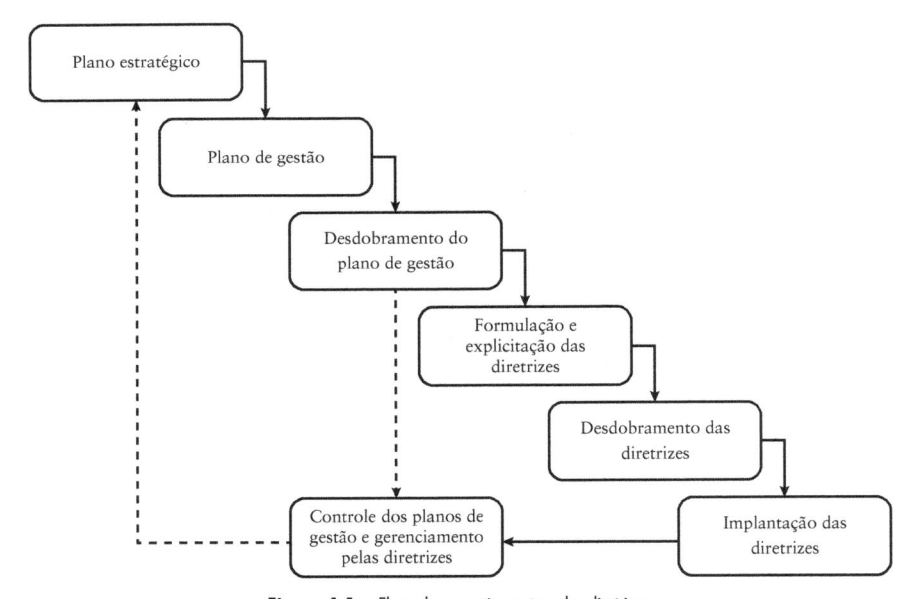

**Figura 4.1** – Fluxo do gerenciamento pelas diretrizes.

O processo de gerenciamento pelas diretrizes é executado verticalmente, em cascata, de cima para baixo, por meio dos níveis hierárquicos, até que se chegue a uma área de melhoria operacional (AMO). A área de melhoria operacional é uma área de melhoria, de dimensões e características tais que permitem definir projetos de melhoria específicos. Uma área de melhoria pode ser um microprocesso importante com desempenho insatisfatório ou mesmo uma área de atividades que contenha algum microprocesso relacionado aos objetivos estratégicos da organização. A localização de problemas em áreas de melhoria operacional permite criar projetos e ações voltados à solução de problemas e melhoria da qualidade. A Figura 4.2 ilustra o conceito de desdobramento vertical.

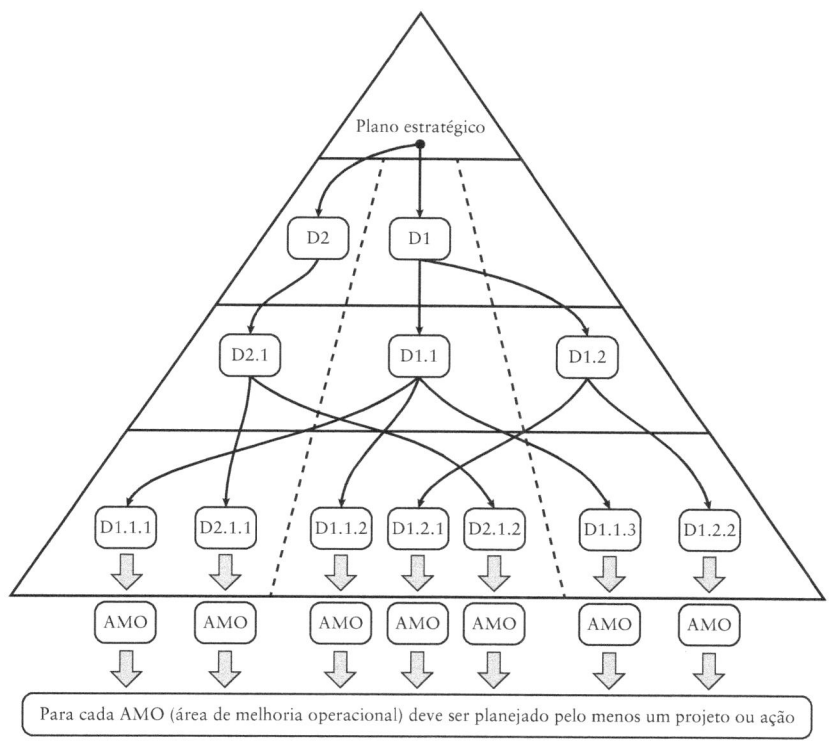

**Figura 4.2** – Desdobramento vertical por meio dos níveis hierárquicos.

## 4.7 O DESDOBRAMENTO PELOS NÍVEIS HIERÁRQUICOS DA ORGANIZAÇÃO

O desdobramento é *top down* (de cima para baixo) por meio dos níveis hierárquicos da organização, iniciando-se no nível da direção superior. Uma forma de executar esse processo é descendo a cadeia hierárquica nível a nível, estabelecendo metas e meios, até chegar à área de melhoria operacional (AMO). Outra forma corresponde ao desdobramento de metas até a área de melhoria operacional e depois retornar nível a nível, buscando compatibilizar metas e meios. Essa interação entre níveis recebe, por analogia, o nome de *catchball*[1]. A Figura 4.3 ilustra a estrutura do *catchball*.

---

1 *Cathball* – palavra oriunda do esporte conhecido como baseball, que correponde a interações entre o lançador da bola (*picher*) e o pegador (*catcher*) para estabelecer como o lançador deve atuar para eliminar o rebatedor da equipe adversária. No gerenciamento pela diretrizes, nível a nível, ocorrem essas interações para estabelecer metas e meios.

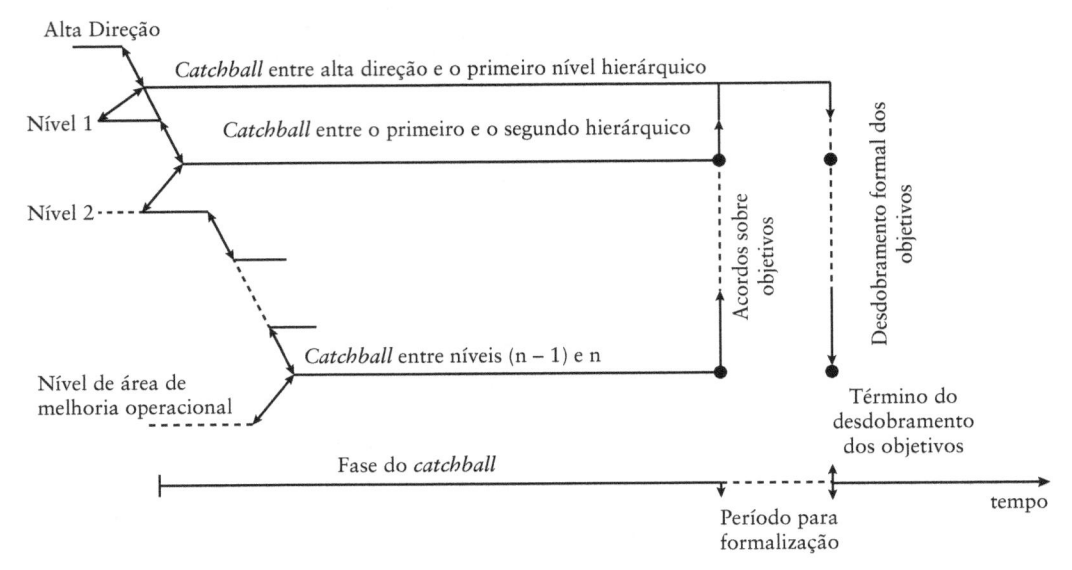

**Figura 4.3** – Definindo os objetivos dos níveis hierárquicos por meio do *catchball*.

## 4.8 FERRAMENTAS PARA SELEÇÃO DE INDICADORES E DEFINIÇÃO DAS AÇÕES

Para se chegar ao indicador operacional relacionado a cada uma das diretrizes ou objetivos estratégicos, devem ser seguidas as seguintes etapas:

a.  Elaborar uma lista de macroindicadores potenciais para a diretriz.

b.  Analisar a importância desses macroindicadores por meio de critérios previamente estabelecidos.

c.  Examinar os macroindicadores selecionados para estabelecer, logo no início, qual o valor que se pretende atingir, analisando o modo com que se vem trabalhando e as possíveis modificações a serem introduzidas, chegando assim ao que se chama diretriz explicitada.

A partir desse ponto, sugere-se a seguinte sequência:

a.  Explicitação da diretriz – divulgação para toda a organização.

b.  Indicação das áreas de melhoria operacional prioritárias e relacionadas a cada uma das diretrizes;

c.  Definição dos Projetos de Melhoria e gestores dos projetos;

d.  Formalização dos Planos de Ação.

Os instrumentos habilitadores (ferramentas) normalmente utilizados são apresentados a seguir, passo a passo.

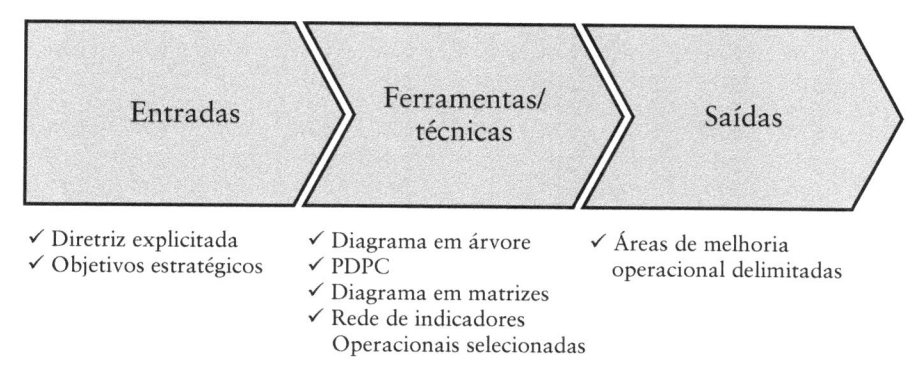

✓ Diretriz explicitada
✓ Objetivos estratégicos

✓ Diagrama em árvore
✓ PDPC
✓ Diagrama em matrizes
✓ Rede de indicadores
  Operacionais selecionadas

✓ Áreas de melhoria
  operacional delimitadas

**Figura 4.4** – Explicitação da diretriz.

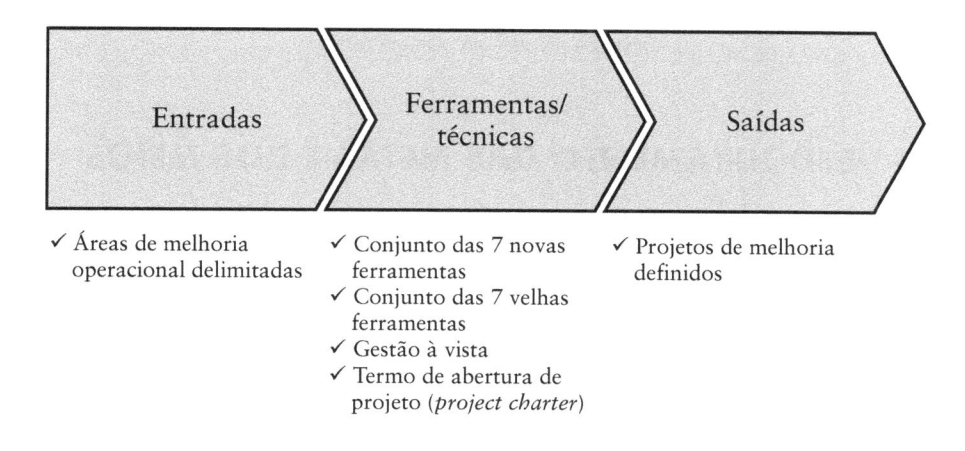

✓ Áreas de melhoria
  operacional delimitadas

✓ Conjunto das 7 novas
  ferramentas
✓ Conjunto das 7 velhas
  ferramentas
✓ Gestão à vista
✓ Termo de abertura de
  projeto (*project charter*)

✓ Projetos de melhoria
  definidos

**Figura 4.5** – Indicação das áreas de melhoria operacional.

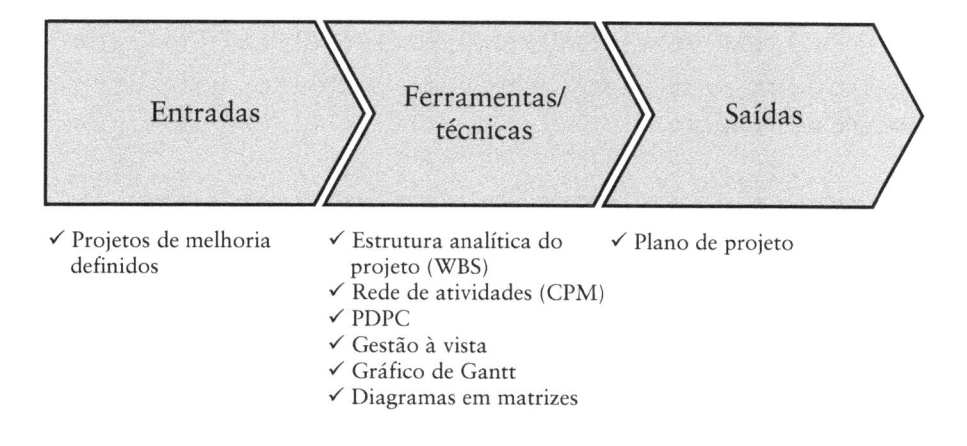

✓ Projetos de melhoria
  definidos

✓ Estrutura analítica do
  projeto (WBS)
✓ Rede de atividades (CPM)
✓ PDPC
✓ Gestão à vista
✓ Gráfico de Gantt
✓ Diagramas em matrizes

✓ Plano de projeto

**Figura 4.6** – Indicação dos projetos de melhoria.

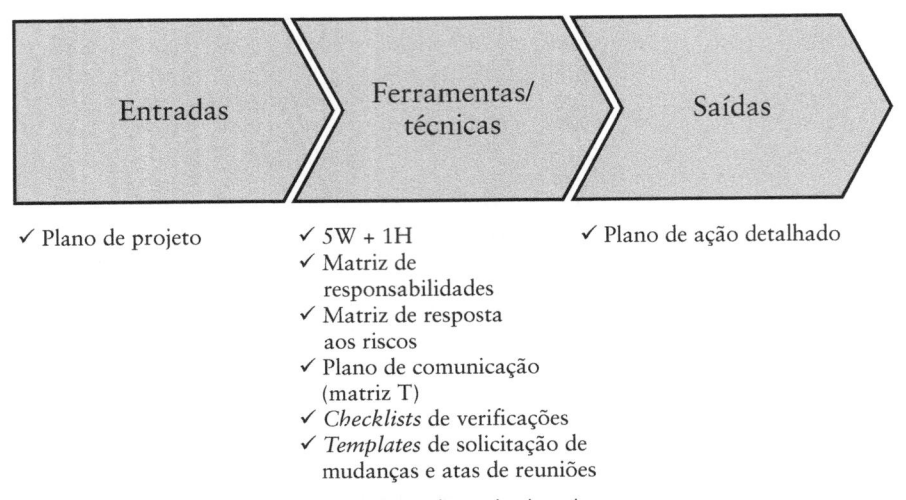

Entradas
✓ Plano de projeto

Ferramentas/
técnicas
✓ 5W + 1H
✓ Matriz de
responsabilidades
✓ Matriz de resposta
aos riscos
✓ Plano de comunicação
(matriz T)
✓ *Checklists* de verificações
✓ *Templates* de solicitação de
mudanças e atas de reuniões

Saídas
✓ Plano de ação detalhado

**Figura 4.7** – Formalização dos planos de ação.

## 4.9 O DESDOBRAMENTO DAS METAS E DOS MEIOS

Quando o desdobramento das metas e o desdobramento dos meios são realizados separadamente, sem sua consideração simultânea; o processo de desdobramento traz o risco de se estabelecer e propagar metas inviáveis. Esse alerta foi inicialmente realizado por Akao e tornou-se praticamente uma regra no gerenciamento pelas diretrizes.

As metas devem ser associadas a expressões técnicas as quais são designadas itens de controle. Os meios indicam como atuar para que as metas sejam alcançadas. Podem ser construídas matrizes de priorização, na seguinte sequência:

- Matriz 1 – Relacionando Objetivos com Indicadores e Metas.
- Matriz 2 – Relacionando Indicadores e Metas com Processos.
- Matriz 3 – Relacionando etapas do processo com controles na execução.

Dessa maneira, passam a ser conhecidos os pontos e os modos de verificação e de controle da execução.

## 4.10 SISTEMA PARA GESTÃO DAS PRIORIDADES

Quando o desdobramento das diretrizes é realizado, diversos objetivos e subobjetivos são definidos e datados. Para que os objetivos propostos sejam atingidos, é necessário que os resultados sejam monitorados continuamente. Uma forma de monitorar o atendimento dos objetivos é por meio do Sistema de Acompanhamento dos Projetos com Adição de Cartões (SAPAC). Em sua concepção original o SAPAC é um sistema para aperfeiçoar as atividades e ações do dia a dia, com adição de cartões, por meio da aplicação da Gestão à Vista.

O SAPAC utiliza vários conjuntos de Diagramas de Causa e Efeito sendo que cada um desses conjuntos está associado a uma etapa do desdobramento das diretrizes. Há uma classificação que permite hierarquizar os diagramas do SAPAC, conforme apresentado no Quadro 4.4.

**Quadro 4.4** – Tipo de Diagrama SAPAC e sua aplicação

| Tipo de Diagrama SAPAC | Quando se aplica |
|---|---|
| SAPAC MESTRE | Para monitorar o primeiro nível do Desdobramento das Diretrizes |
| SUBSAPAC | Para monitorar os desdobramentos subsequentes do Desdobramento das Diretrizes |
| SAPAC DE AÇÃO | Para monitorar os projetos de melhoria definidos no Desdobramento das Diretrizes (corresponde ao CEDAC, de Fukuda) |

A Figura 4.8 permite uma melhor visualização da relação existente entre o SAPAC e o desdobramento dos objetivos e articulação das ações.

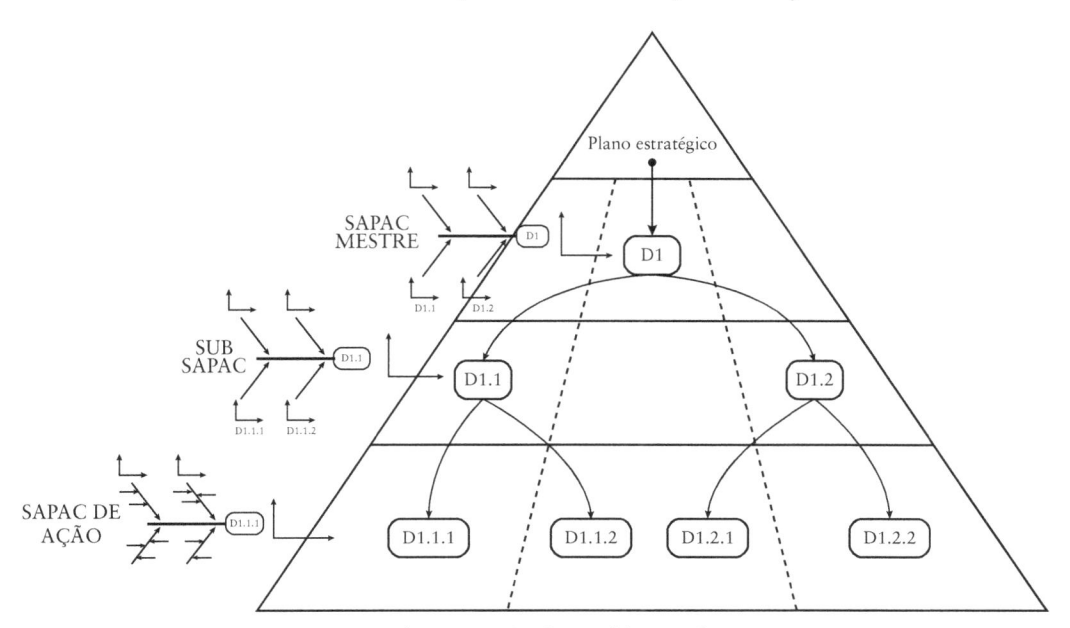

**Figura 4.8** – Relações entre o SAPAC e o Desdobramento das Diretrizes.

O SAPAC apresenta uma estrutura semelhante à estrutura de um conjunto de relações de causa e efeito. Do lado direito do painel, coloca-se o gráfico para o acompanhamento do objetivo relativo àquele SAPAC que está sendo desenvolvido, como se observa na Figura 4.9.

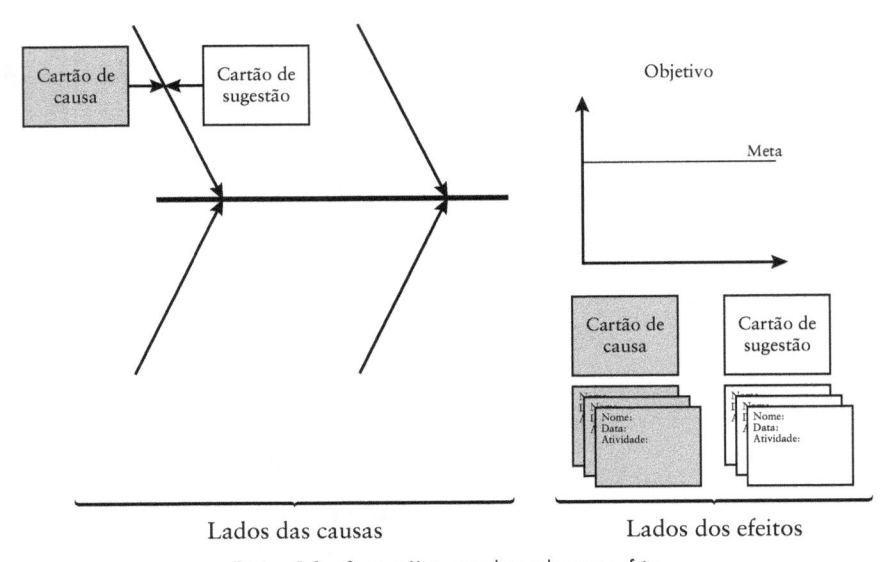

**Figura 4.9** – Gestão à Vista e as relações de causa e efeito.

Do lado esquerdo do quadro, elabora-se um Diagrama Espinha de Peixe (causa e efeito) em que os ramos representam os desdobramentos do objetivo, ou seja, os subobjetivos. Cada um desses ramos tem, na extremidade, um gráfico para acompanhamento do respectivo subobjetivo, conforme ilustrado na Figura 4.10. Dessa forma, o SAPAC mestre é desdobrado em SUBSAPACs.

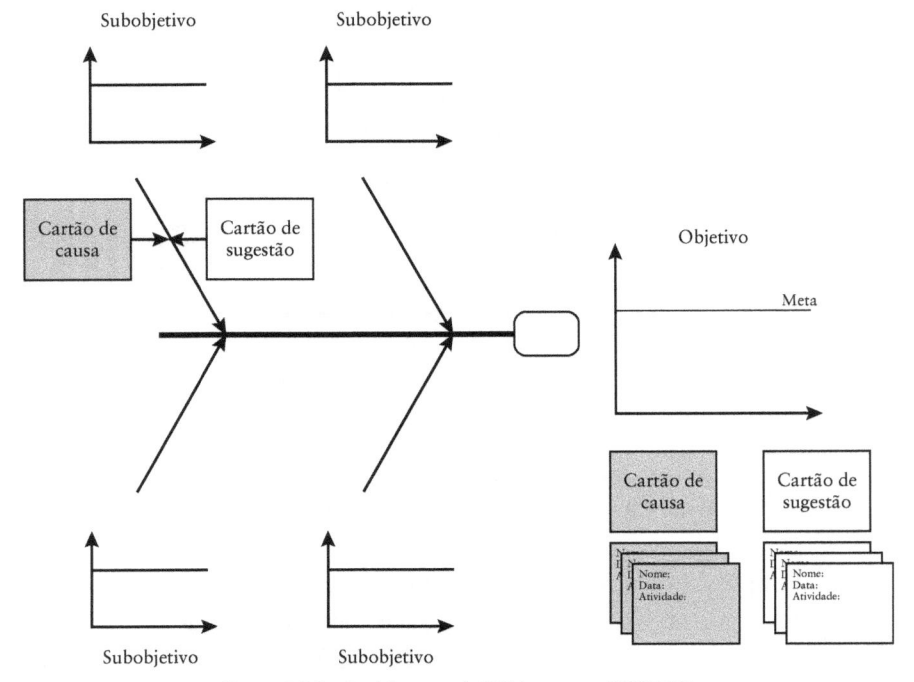

**Figura 4.10** – Desdobramento do SAPAC mestre em SUBSAPACS.

A dinâmica do SAPAC se caracteriza pela sistemática de adição de cartões de causas de problemas (colocados no lado esquerdo do ramo) que impedem e dificultam o alcance dos resultados preestabelecidos para os objetivos, bem como pela adição de cartões de sugestões (colocados no lado direito do ramo) que propiciem a eliminação das causas dos problemas explicitados pelos cartões afixados à esquerda do ramo.

Cada Diagrama SAPAC deve ser afixado na sala do responsável pela obtenção do objetivo definido para o SAPAC em questão. Dessa forma, coloca-se em prática a chamada Gestão à Vista.

## 4.11 DINÂMICA DO SISTEMA SAPAC

### 4.11.1 O SAPAC mestre

Este é o SAPAC que será utilizado para monitorar os objetivos do primeiro nível do desdobramento das diretrizes. Os elementos necessários à construção desse primeiro SAPAC são extraídos da primeira árvore derivada da aplicação do desdobramento das diretrizes, conforme apresentado na Figura 4.8.

### 4.11.2 O SUBSAPAC

Cada um dos subobjetivos do SAPAC mestre deve ser monitorado por um SUBSAPAC específico. Nesse caso, cada um dos subobjetivos dará origem a um Diagrama Espinha de Peixe. Para cada um dos Diagramas Espinha de Peixe, destaca-se o subobjetivo e o seu respectivo gráfico de acompanhamento, à direita do quadro, e os desdobramentos relativos a esses subobjetivos, com seus respectivos gráficos de controle, em cada um dos ramos do Diagrama Espinha de Peixe. Existirão tantos "níveis de SUBSAPAC" quanto forem os níveis de desdobramento do desdobramento das diretrizes.

Para cada SUBSAPAC indica-se um responsável pelo controle do subobjetivo e pela verificação da contribuição dos diversos desdobramentos pertinentes ao SUBSAPAC em questão.

A dinâmica de adição de cartões, Gestão à Vista, tem como objetivo estimular a participação de todos os envolvidos em uma Área de Melhoria Operacional. Para a Gestão à Vista são utilizados cartões de causas dos problemas e cartões de sugestões de como eliminar as causas. A pessoa responsável por um SUBSAPAC, ao notar que determinados problemas impedem a obtenção dos resultados almejados para o nível de desdobramento pelo qual responde, ultrapassando sua área de atuação e decisão, deve escrever um cartão relatando a dificuldade ou problema diagnosticado e, em seguida, afixá-lo no SUBSAPAC do nível imediatamente superior, no ramo que corresponde ao subobjetivo que lhe fora delegado. Dessa forma, fica mais fácil identificar quais são os principais obstáculos à consecução dos subobjetivos e objetivos pertinentes ao SAPAC associados ao desdobramento das diretrizes.

A Gestão à Vista proporcionada pela implantação do SAPAC não almeja apenas tornar as informações mais claras e transparentes, mas também estimular a participação de todos aqueles que desejam contribuir para que as dificuldades e problemas sejam removidos de forma eficaz e eficiente. Dessa forma, qualquer pessoa tem a liberdade de elaborar e afixar cartões de sugestão, desde que sejam coerentes, consistentes e pertinentes para solucionar os problemas elencados nos cartões de causas de problemas. Para manter a organização e a facilidade de leitura e interpretação dos Diagramas SAPAC, deve-se afixar o cartão de sugestão à direita do cartão de causa a que se refere. Notar que pode haver mais de uma sugestão para a mesma causa do problema.

Analisando o quadro, o responsável tem condições de verificar se o desempenho está caminhando em direção aos resultados pretendidos de maneira adequada ou se existem obstáculos e gargalos. Observando os gráficos existentes nos ramos que compõem os diagramas é possível verificar qual o ramo do desdobramento que apresenta maior criticidade. Essa criticidade pode estar associada a duas situações distintas:

a.    o responsável por esse ramo do Diagrama SAPAC está enfrentado problemas que estão ao seu alcance e sob sua área de ação e decisão, mas que até o momento não foram efetivamente eliminados;

b.    o responsável pelo diagrama não possui a autoridade ou recursos necessários para superar seus problemas e, portanto, deve ter indicado tais obstáculos em um cartão de problemas que será afixado no Diagrama SAPAC do nível imediatamente superior.

## 4.11.3 O SAPAC de ação – CEDAC

O CEDAC, Diagrama de Causa e Efeito com Adição de Cartões é uma forma prática de visualizar um resultado/efeito que se pretende atingir com as prováveis causas desse efeito.

O Diagrama CEDAC é uma Ferramenta para Análise e Solução de Problemas, bem como uma Forma Organizacional para a realização de Projetos de Melhoria. Ele promove a Gestão à Vista, o trabalho em equipe e o amplo envolvimento e comprometimento na busca dos melhores métodos de trabalho para o sucesso dos projetos de melhoria.

O quadro do CEDAC permanece no interior de uma área de trabalho e permite um acompanhamento da evolução das melhorias desejadas e da eficácia de sugestões apresentadas por aqueles que desenvolvem suas atividades nessa área. Sua utilização estimula a participação de todos e ajuda a estabelecer os meios para que resultados desejados sejam alcançados. Um quadro CEDAC é composto por quatro quadrantes distintos, conforme ilustrado na Figura 4.11.

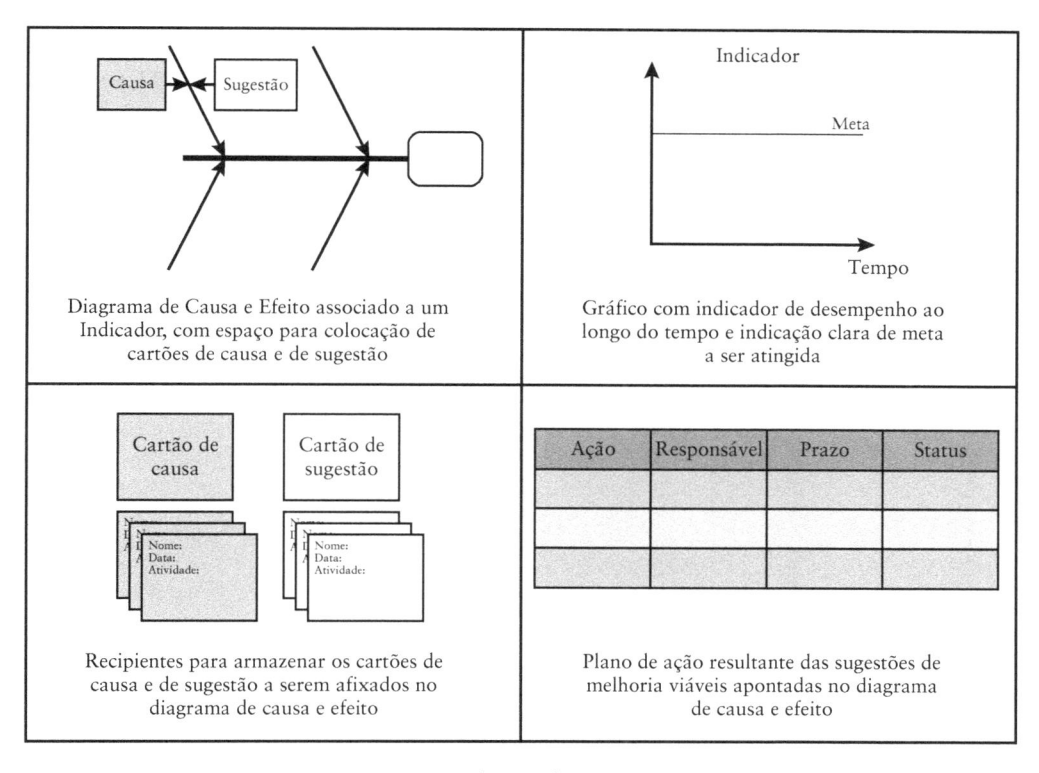

**Figura 4.11** – Elementos do Diagrama CEDAC.

## REFERÊNCIAS BIBLIOGRÁFICAS

AKAO, Y. *Desdobramento das diretrizes para o sucesso do TQM*. Porto Alegre: Bookman, 1997.

CONTI, T. *Building total quality*: a guide for management. London: Chapman & Hall, 1993.

DENNIS, P. *Fazendo acontecer a coisa certa*: um guia de planejamento e execução para líderes. São Paulo: Lean Institute, 2007.

FUKUDA, R. *CEDAC*: a tool for continuous systematic improvement. Cambridge, Mass: Productivity Press, 1990.

KING, B. *Hoshin planning*: the developmental approach. Methuen MA: GOAL/QPC, 1989.

MERLI, G. *Eurochellenge*: the TQM approach to capturing global markets. England: IFS, 1993.

SHERIDAN, B. M. *Policy deployment*: the TQM approach to long-range planning. Milwaukee, Wis.: ASQC Quality Press, 1993.

# GERENCIAMENTO INTERFUNCIONAL

## 5.1 INTRODUÇÃO E DEFINIÇÕES

As necessidades dos clientes e acionistas são peças básicas no direcionamento que as empresas dão aos seus negócios. As empresas criam processos voltados à satisfação dessas necessidades. O gerenciamento interfuncional é uma metodologia para avaliação contínua, análise e melhoria do desempenho dos processos que mais impactam o resultado da organização, com relação à satisfação dos clientes e dos acionistas.

Entende-se por processo um conjunto de atividades racionalmente relacionadas que aplicadas às entradas (*inputs*) do processo, adicionam valor a essas entradas e geram uma saída (*output*) que atenderá a um cliente, seja ele interno ou externo. Um conjunto de processos devidamente reunidos e organizados forma um sistema da qualidade. O sistema da qualidade, por seu lado, fornece o contexto operacional organizacional para equipes de projeto e para o desempenho das tarefas de cada integrante de uma equipe.

No GI há incentivo ao amplo envolvimento de todos os integrantes da organização. Esse envolvimento gera maior satisfação no trabalho, resultante de uma descrição mais clara das atividades, melhor desenvolvimento de habilidades e aumento da autoridade e autonomia individual dos funcionários.

## 5.2 ELEMENTOS DE UM PROCESSO

Um conjunto de atividades se caracteriza como um processo quando três elementos básicos são identificados: o fornecedor do processo, a adição de valor e o cliente do processo. A Figura 5.1 ilustra a representação básica de um processo.

**Figura 5.1** – Elementos de um processo.

Em uma cadeia cliente-fornecedor, é comum a mesma etapa do processo ora ser fornecedor, ora ser cliente, no mesmo processo. Essa representação é conhecida como Modelo SIPOC (Figura 5.2):

- S – *Suppliers* (fornecedores);
- I – *Input* (Entradas);
- P – *Process* (Processamento – Adição de Valor);
- O – *Output* (Saída);
- C – *Customers* (Clientes).

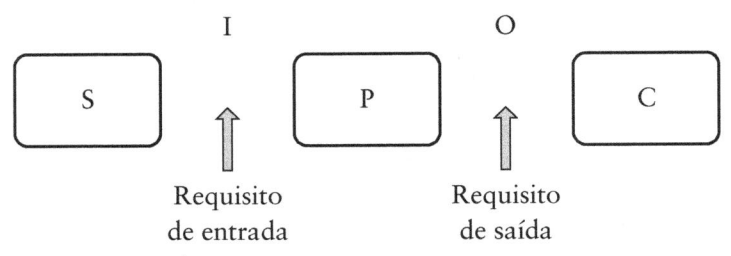

**Figura 5.2** – A estrutura do SIPOC.

Uma vantagem deste modelo consiste na definição clara dos requisitos de entrada e de saída do processo. Com isso, as entradas providas pelos fornecedores são preestabelecidas e acordadas entre as partes envolvidas, assim como as saídas também são preestabelecidas e acordadas entre os envolvidos.

## 5.3 PROBLEMAS COMUNS EM PROCESSOS

Um processo pode ser visto como uma cadeia cliente-fornecedor na qual cada um dos elos contribui para o alcance do "fim" comum, ou seja, a satisfação do cliente. A visão sistêmica deve prevalecer sob a visão particularizada ou setorizada. A falta de visão sistêmica pode acarretar problemas sérios de interfaces entre as etapas do processo, criando entraves ao bom atravessamento do processo nas diversas áreas ou departamentos da empresa.

Considerando o processo ilustrado na Figura 5.3, a etapa A8 tem como fornecedores as etapas A6 e A7 e como cliente a etapa A9. Esse cliente é comumente chamado cliente interno. Normalmente, a etapa A8 não apresentará problemas com fornecimento, pois seus fornecedores pertencem ao mesmo setor ou departamento dentro da empresa. Contudo, a falta de visão sistêmica do processo poderá acarretar problemas de fornecimento para a etapa A9 do processo, pois seu fornecedor pertence a outro departamento. Esse problema de interface entre as áreas é agravado caso prevaleça na empresa a visão departamental, com interesses divergentes entre os departamentos.

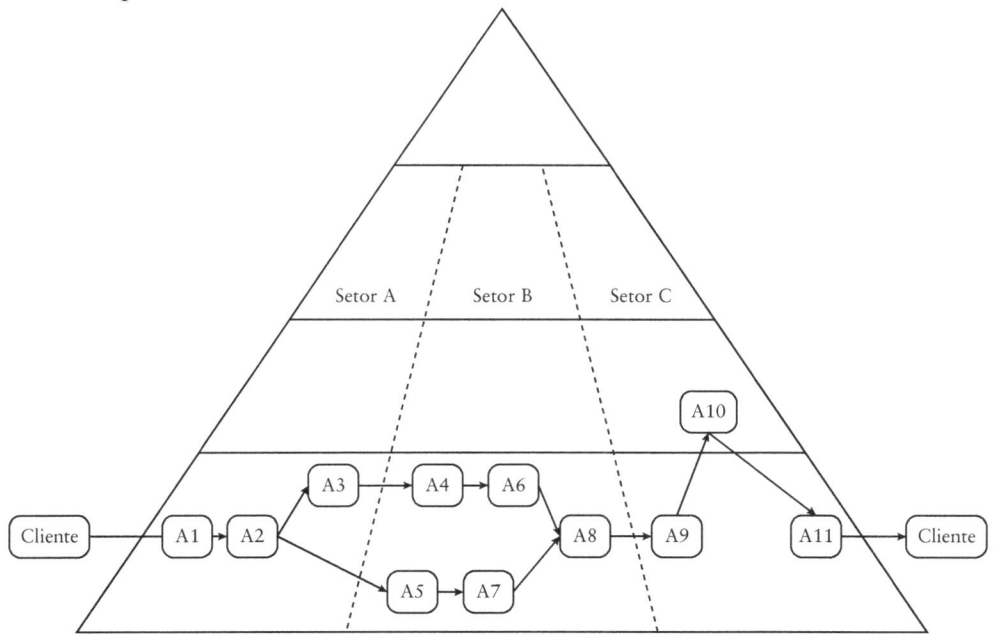

**Figura 5.3** – Representação de um processo atravessando diferentes áreas da empresa.

## 5.4 AVALIAÇÃO DO DESEMPENHO DO PROCESSO

Normalmente, o desempenho de um processo é avaliado por indicadores relacionados a três requisitos: eficácia, eficiência e adaptabilidade.

Eficácia – extensão na qual os objetivos são alcançados com êxito.

Pergunta: O processo está em condições de satisfazer às necessidades dos clientes de forma contínua e consistente?

Eficiência – quão bem os recursos (entradas) são aplicados e utilizados para a geração dos resultados (saídas). Diz respeito à otimização dos recursos empregados.

Pergunta: O processo está sendo executado de forma a fazer a melhor aplicação e utilização dos recursos para o alcance dos resultados?

Adaptabilidade – quão bem e rápido o processo responde a mudanças.

Pergunta: O processo está apto a ajustar-se rapidamente no sentido de satisfazer a novos requisitos?

## 5.5 TIPOS DE PROCESSOS NAS EMPRESAS

Internamente às empresas, os processos normalmente se subdividem em dois grandes grupos: processos de negócio e processos de suporte.

Os processos de negócio são aqueles relacionados à Cadeia de Valor da empresa e que, como resultado final, internalizam recursos monetários na empresa. Em outras palavras, os processos de negócio são aqueles que produzem e entregam valor para os clientes externos. Já os processos de suporte têm a responsabilidade de manter os processos de negócio em funcionamento. Em outras palavras, são os processos que criam as condições para a execução dos processos de negócio e geram valor para os clientes internos. O Quadro 5.1 apresenta uma lista de processos estratificada em processos de negócio e suporte. Vale ressaltar que esta lista representa uma situação típica de empresas de manufatura e serviços.

**Quadro 5.1** – Tipos de processos

| Processos de negócio | Processos de suporte |
|---|---|
| • Fabricação | • Pesquisa & desenvolvimento (P&D) |
| • Prestação de serviço | • Engenharia de processos |
| • Logística e entrega | • Controle da qualidade |
| • Planejamento, programação e controle da produção | • Jurídico |
| • Marketing e vendas | • Finanças & controladoria |
| • Garantia e assistência técnica | • Recursos humanos |
| • Gestão do relacionamento | • Suprimentos |
| • Outros | • Manutenção |
| | • Outros |

A relação entre os processos de negócio e os processos de suporte deve ser regida por SLA´s (*Service Level Agreement*), ou seja, Acordos de Nível de Serviço.

## 5.6 ACORDOS DE NÍVEL DE SERVIÇO (*SERVICE LEVEL AGREEMENTS* – SLAS)

Os acordos de nível de serviço surgiram no início dos anos 1990, como uma maneira dos departamentos de Tecnologia da Informação (TI) e dos provedores de serviço em ambientes privados (usualmente corporativos) de computadores em rede medirem e gerenciarem a qualidade do serviço (Quality of Service – QoS) que eles estavam entregando aos seus consumidores internos. Os acordos de nível de serviço são o componente contratual da QoS e, normalmente, são implantados como parte de uma iniciativa maior de gerenciamento de nível de serviço (Service Level Management – SLM).

Gerenciamento de nível de serviço são os métodos e procedimentos disciplinados e proativos utilizados para garantir que os níveis de serviço adequados sejam entregues aos clientes do serviço, seja ele um cliente interno ou externo, em concordância com as prioridades do negócio e com custo aceitável. Os acordos de nível de serviço são importantes porque determinam padrões de medida.

Os SLAs são amplamente utilizados entre funções internas, dentro de uma mesma organização, e entre fornecedores terceirizados e seus clientes. Ocasionalmente, e mais frequente no caso de acordos envolvendo fornecedores terceirizados, os termos dos SLAs podem ser contratuais. Nesse caso, penalidades podem ser usadas no caso de falhas em atingir os alvos de desempenho. Normalmente, acordos de nível de serviço são utilizados para definir o desempenho requerido de um serviço por seus usuários. Entretanto, os conceitos de SLAs são igualmente aplicáveis aos processos que utilizam atividades totalmente manuais ou que dependem de uma combinação de operações manuais e não manuais como, por exemplo, operações computacionais.

Na sua forma mais básica, um acordo de nível de serviço (SLA) é um contrato ou acordo que formaliza um relacionamento de negócio, ou parte desse relacionamento, entre duas partes como, por exemplo, o relacionamento entre processos de negócio e processos de suporte. Frequentemente, um SLA tem a forma de um contrato negociado entre um provedor de serviço e um consumidor em que é definido um preço a ser pago pelo direito de posse de um produto ou serviço a ser entregue, sob certos termos, condições e com certas garantias financeiras, projetado para estabelecer uma compreensão comum dos serviços, prioridades e responsabilidades.

Atualmente, os produtos e serviços que são rotineiramente contratados e gerenciados com o uso de SLAs parecem ser ilimitados. No universo de telecomunicações e tecnologia da informação, os consumidores costumam procurar por garantias financeiras com relação ao desempenho da rede, normalmente medido com o uso de indicadores estatísticos, tais como disponibilidade do circuito e confiabilidade, bem como atividades relacionadas a serviços como provisão, instalação, resposta a problemas e correção de falhas.

Outras áreas, tais como processos de suporte em geral como, manutenção, recursos humanos, jurídico, serviços abrangentes ao consumidor, cobrança, também podem ser garantidas por um SLA.

## 5.6.1 Funções dos acordos de nível de serviço

Um SLA é um contrato formal entre o prestador de serviço e o seu cliente, caracterizando o serviço que será prestado. Isto inclui especificações de deveres e responsabilidades de ambas as partes nos vários estados futuros e que são esperados que prevaleçam durante a vida do contrato. SLAs são para um período específico, o qual pode ser longo ou curto, podendo ser renovável de diferentes formas. Além disso, SLAs estão associados ao preço. Isso significa que nos serviços em que são necessárias customizações específicas, os SLAs podem ser utilizados para facilitar a diferenciação por preço.

O acordo de nível de serviço define quais níveis de serviço são considerados aceitáveis pelos usuários e são atingíveis pelo provedor de serviço. Isto é particularmente vantajoso para o provedor de serviço, pois ele se defende de falsas expectativas, pois se as expectativas forem documentadas em um SLA, elas se tornam um ponto de referência, uma âncora. Em outras palavras, o SLA fornece estabilidade para os acordos que chegam e que são documentados. Mais especificamente, um acordo de nível de serviço bem redigido não somente definirá as expectativas, como também definirá um conjunto de indicadores da qualidade do serviço mutuamente aceitável e acordado.

Para um SLA ser útil entre as partes prestadora e consumidora de um determinado serviço ele deve ser verificável. Caso contrário, seria apenas um exagero comercial. Buscando acomodar essa necessidade, SLAs tipicamente especificam medidas de desempenho verificáveis.

A confiança em medidas de engenharia, como limites de atraso ponto a ponto, tempo de resposta a solicitações, tempo para restabelecimento da normalidade operacional, taxas de informação comprometidas, limites de taxa de erro, média de largura de banda fornecida e similares, refletem uma extensão natural dos tipos das descrições de nível de serviço utilizadas para caracterizar serviços tradicionais. Essas métricas caracterizam o comprometimento do prestador com o fornecimento de serviços com qualidade garantida.

Os acordos de nível de serviço têm o papel econômico de baixar os custos de transações associadas com a contratação de uma particular qualidade de serviço e alocar os riscos e custos de produzir e consumir o serviço. Tais contratos são mais importantes em mercados de bens intangíveis do que em mercados de bens tangíveis, uma vez que:

1. bens tangíveis são estocáveis, o que significa que a produção e o consumo podem ser separados no espaço e no tempo. Isto frequentemente simplifica a avaliação e a verificação de atributos de produtos e a operação de mercados anônimos, ou seja, no qual o cliente e o prestador de serviço não se conhecem ou têm um relacionamento anterior bem limitado;

2. muito do valor do contrato de serviço pode ser garantido legalmente no direito (mas não obrigação) de consumir. Por exemplo, o serviço de telefonia oferece ao cliente a oportunidade de fazer ou receber ligações telefônicas, mas não antecipa (normalmente) que ele estará ao telefone o tempo todo. Isto cria incentivos para o consumidor utilizar a capacidade disponível da forma mais eficiente;

3. contratos de serviço para a troca de bens intangíveis estabelecem direitos de propriedade sobre a transação, os quais podem, então, ser negociados e dar lugar a novos mercados.

Outra importante informação é que SLAs podem fornecer uma base para o estabelecimento de garantias da qualidade, ou seja, um nível verificável de serviços será fornecido ao cliente. Quando esses contratos são desenvolvidos como consequência de uma negociação, eles podem ser modificados para refletir contingências cliente/fornecedor específicas como, por exemplo, fatores de custo especial como a proximidade dos clientes com o núcleo dos recursos de rede ou necessidades especiais como diversidade de rotas para assegurar o aumento da confiabilidade.

SLAs padronizados fornecem um mecanismo para reduzir custos de pesquisas impostos por clientes, avaliando as ofertas de diferentes prestadores de serviço. Ainda mais, SLAs podem fornecer a base para a "comoditização" de um produto ou serviço. Isso pode encorajar o desenvolvimento de mercados em que muitos compradores e vendedores trocam serviços que são substitutos um para o outro.

O propósito de um SLA é definir o desempenho necessário ao serviço e implantar mecanismos de medição para que os alvos de desempenho possam ser monitorados. Há características típicas que podem ser incluídas em um SLA:

- horas de serviço disponível;
- tempo de reposta;
- alvos pontuais;
- máximo tempo sem resposta (*down time*) aceitável em um serviço em um dado período;
- alvos de confiabilidade.

Ao desenvolver SLAs, é crucial que cliente e fornecedor foquem nos alvos de desempenho necessários para atingir as necessidades do negócio. Isto frequentemente representa um ajuste entre o desempenho que o cliente idealmente gostaria de ter e o desempenho que o fornecedor tem capacidade de entregar. Enfim, deve ser fechado um balanço entre os custos para fornecer um dado nível de serviço e os benefícios desse nível de serviço aos negócios. Por exemplo, aumentar o tempo de resposta de um sistema de computador on-line para duas vezes a velocidade atual pode implicar um aumento de dez vezes no custo da provisão daquele serviço – os benefícios de uma resposta mais rápida justificam o custo extra? Nesse sentido, a negociação para chegar ao desempenho combinado pode ser potencialmente mais importante que o próprio SLA.

## 5.6.2 Tipos de SLAs

Existem três tipos de SLAs, sendo o mais comum o SLA conhecido como *in-house*. Esse SLA corresponde ao acordo entre o provedor de serviço e um cliente interno. São exemplos de SLAs *in-house* os acordos entre TI, Recursos Humanos, Jurídico e os departamentos usuários.

O segundo tipo de SLA mais comum é o SLA externo. Este corresponde a um SLA entre o provedor de serviço e seu cliente externo (outra empresa). O terceiro tipo de SLA corresponde ao interno. O SLA interno é utilizado pelo provedor de serviços para medir o desempenho de diferentes grupos dentro da própria organização prestadora de serviço. Um exemplo de SLA interno corresponde aos diferentes grupos prestadores do mesmo serviço de TI dentro de uma empresa e toda a companhia. O SLA interno geralmente está ligado aos relatórios anuais de desempenho e fornece mecanismos para atribuir aos grupos e indivíduos as suas partes dentro de um serviço maior.

O processo de criação de um SLA é fundamentalmente o mesmo para cada tipo de acordo. Analogamente, o conteúdo encontrado em cada um dos diferentes tipos de acordos também é basicamente o mesmo. As diferenças podem ser encontradas na formalidade atribuída a cada processo de criação de acordo, na linguagem utilizada e nas possíveis consequências, caso não sejam cumpridos os compromissos de nível de serviço acordados.

### 5.6.2.1 *SLAs* in-house

Quando o provedor de serviço e o cliente trabalham para uma mesma empresa, não se deve permitir intimidades. Essa intimidade normalmente evita que um contrato detalhado e de caráter legal seja estabelecido. Os resultados de um SLA estabelecido de maneira séria e bem pensada podem beneficiar ambas as partes do contrato, assim como a própria empresa. A maior parte dos grandes bancos e das instituições financeiras, por exemplo, garantem 100% de tempo de operação para seus clientes externos por meio do estabelecimento de SLAs *in--house* entre TI e as várias divisões da organização.

O resultado acumulado obtido quando se adere rigorosamente a esses acordos é um maior nível geral de confiabilidade, o qual pode ser usado como um diferencial para os clientes do banco.

### *5.6.2.2 SLAs externos*

O SLA externo corresponde ao tipo de acordo mais rigoroso. Essa modalidade de acordo exige mais cuidado em sua preparação, pois se trata de um contrato que normalmente une de forma legal as companhias envolvidas. Nesse tipo de SLA, recomenda-se fortemente a realização de revisões legais. Contudo, muitas empresas negligenciam essa etapa e, como consequência, acabam redigindo um acordo de pequeno valor, tanto com relação ao seu conteúdo e métricas, quanto com relação ao amparo legal e jurídico.

A falta de SLAs com os fornecedores externos se mostrou desastrosa para várias empresas. Falhar pela ausência de um SLA com um provedor de serviço externo é um erro grosseiro e, mesmo assim, todos os anos, várias companhias cometem esse erro. Contudo, esse problema não está limitado a pequenas empresas. Algumas das maiores empresas do mundo cometeram esse erro e a responsabilidade por esses contratos cabe à alta administração das organizações.

Depois que um contrato de serviço sem garantia de nível de serviço é assinado, as opções do cliente ficam bem limitadas. Para começar, eles devem torcer para que os serviços fornecidos supram suas necessidades. Caso os serviços prestados não cumpram seus requisitos, por qualquer razão, os clientes podem optar por escolhas difíceis como, por exemplo:

- a consolidação, para o resto do contrato, de um nível de serviço inferior ao aceitável, dependendo dos termos específicos do seu contrato;
- cancelar o contrato antecipadamente, o que possivelmente acarretaria multas;
- tentar renegociar o contrato. Nesse caso o provedor de serviço tem pouco ou nenhum incentivo para renegociá-lo. A renegociação do contrato pode resultar em taxas mais altas para se obter o nível de serviço desejado. As opções específicas disponíveis irão depender dos termos do contrato com o provedor de serviço.

Qualquer empresa que estiver recebendo um nível de serviço não aceitável e não tenha nenhuma garantia contratual do nível de serviço a ser prestado, deve procurar aconselhamento legal para auxiliar na avaliação das opções disponíveis.

### 5.6.2.3 SLAs internos

O SLA interno é relativamente simples. Normalmente, esse SLA é redigido de maneira informal. De fato, o SLA interno pode não existir como um acordo isolado. Pelo contrário, seus compromissos e intenções podem estar incorporados em outros documentos, como objetivos e metas individuais e departamentais, ou mesmo nos critérios do plano de bônus da empresa. Frequentemente, o SLA interno especificará níveis de serviço em termos muito técnicos. O uso de terminologias técnicas, ou mesmo de jargões, é aceitável neste tipo de documento, pois todas as partes estão familiarizadas com os termos.

## 5.7 CONCEITO DE PROCESSOS-CHAVE

Um processo pode ser classificado como processo-chave, quando o seu desempenho impactar fortemente o resultado e os objetivos da empresa. Essa forte relação do processo com a obtenção dos objetivos da empresa aumenta a sua importância para o negócio. A identificação dos processos-chave na empresa passa por um cruzamento de todos os processos da empresa com os fatores críticos de sucesso para a obtenção dos objetivos estratégicos.

Os objetivos estratégicos de referência correspondem ao estabelecimento dos resultados desejados para o negócio, derivados de uma análise da missão da empresa, do plano estratégico e do cenário do mercado, capazes de proporcionar vantagens competitivas à empresa por meio da criação e entrega de valor a acionistas, proprietários e clientes. São exemplos de objetivos estratégicos de referência:

- aumentar a fatia de mercado da empresa;
- aumentar o lucro líquido da empresa;
- aumentar o valor unitário das ações da empresa;
- aumentar as receitas com exportações em relação ao total vendido;
- reduzir o custo unitário dos produtos vendidos;
- reduzir os custos com suprimentos;
- aumentar a qualificação dos funcionários da empresa;
- aumentar a lembrança da marca no *"Top of Mind"*.

Os FCS podem ser definidos como:

> [...] um número limitado de áreas nas quais os resultados, se satisfatórios, assegurarão desempenho competitivo bem-sucedido para a organização.
>
> [...] as poucas áreas essenciais onde "as coisas têm que dar certo" para que o negócio se desenvolva.
>
> [...] áreas de atividade que deveriam receber atenção constante da gerência.
>
> [...] áreas nas quais o bom desempenho é necessário para assegurar o alcance dos objetivos organizacionais.
>
> ROCKART, 1979

O Quadro 5.2 apresenta exemplos de fatores críticos de sucesso e os setores em que os mesmos normalmente prevalecem.

**Quadro 5.2** – FCS e setores nos quais prevalecem

| FCS | Setor |
|---|---|
| • Confiabilidade | • Automotivo, aeronáutico, naval, médico, odontológico, elétrico |
| • Flexibilidade e agilidade | • Seguros |
| • *Time to market* | • Eletrônicos, farmacêutico |
| • Inovação | • Eletrônicos, têxtil, bancário, tecnologia da informação |
| • Custos de projeto e produção | • Elétrico, petróleo, automotivo, autopeças |
| • Logística integrada | • Alimentos, bebidas, automotivo, autopeças, petróleo |

## 5.8 BENEFÍCIOS E METAS DO GERENCIAMENTO INTERFUNCIONAL – GI

Os principais benefícios da aplicação do gerenciamento interfuncional são a obtenção de melhores resultados, satisfação do cliente em função da melhoria do desempenho em áreas críticas, bem como menores custos em decorrência da redução da complexidade e do retrabalho nos processos.

Como meta, o gerenciamento interfuncional pretende desenvolver processos objetivando dotá-los das seguintes características:

- necessidades (requisitos) e indicadores de desempenho para clientes internos e externos claramente definidos e acordados entre as partes;
- procedimentos simplificados e menor burocracia;
- altos níveis de desempenho no fornecimento de serviços e produtos que alimentam o processo;
- estabelecimento de consenso na visão, direcionamento e prioridades dos processos;
- rompimento de barreiras nas interfaces entre os departamentos e regularidade no fluxo de informações.

## 5.9 ESTRUTURA DE GESTÃO DO GERENCIAMENTO INTERFUNCIONAL – GI

A implantação do gerenciamento interfuncional requer a adoção da estrutura de gestão composta por níveis, composição dos níveis e suas atribuições.

O Quadro 5.3 apresenta a estrutura necessária para a adoção do gerenciamento interfuncional.

**Quadro 5.3** – Estrutura organizacional do GI

| Níveis | Composição | Atribuições |
|---|---|---|
| Equipe GI de 1º Nível | • comitê de direção da organização<br>• responsáveis pelos processos-chave | • definição dos objetivos estratégicos<br>• seleção dos fatores críticos de sucesso<br>• seleção dos processos críticos |
| Process Owner (PO) | • é designado e responde à equipe GI de 1º nível | • responsável pelo controle e pela melhoria de um processo crítico<br>• em conjunto com membros da equipe GI de 1º nível, remove os gargalos que afetam os processos críticos |
| Equipe GI de 2º Nível | • Process Owner<br>• Subprocess Owner<br>• pode ser designada pela equipe de GI de 1º nível ou pelo Process Owner de acordo com a extensão do subprocesso crítico | • responsável pela remoção de obstáculos rotineiros que afetam o desempenho dos subprocessos críticos |
| Subprocess Owner (SPO) | • é designado pela equipe GI de 2º nível e responde ao Process Owner | • responsável pela melhoria e supervisão de um subprocesso crítico |

## 5.10 APLICAÇÃO DO GI

A aplicação do GI prevê dois momentos operacionais, ou fases, distintos.

1.  Identificação, avaliação e seleção dos processos críticos.
2.  Gestão e aperfeiçoamento dos processos críticos selecionados (gerenciamento e melhoria contínua dos processos críticos).

O primeiro momento é de responsabilidade da Equipe GI de 1º Nível e o segundo da Equipe GI de 2º Nível, ou seja, *Process Owner* e *Subprocess Owners*.

## 5.10.1 Identificação, avaliação e seleção dos processos críticos

A Figura 5.4 apresenta as etapas da fase de identificação, avaliação e seleção dos processos críticos. Essa primeira fase do gerenciamento interfuncional é de responsabilidade da equipe GI de primeiro nível, composta essencialmente pela alta administração da empresa.

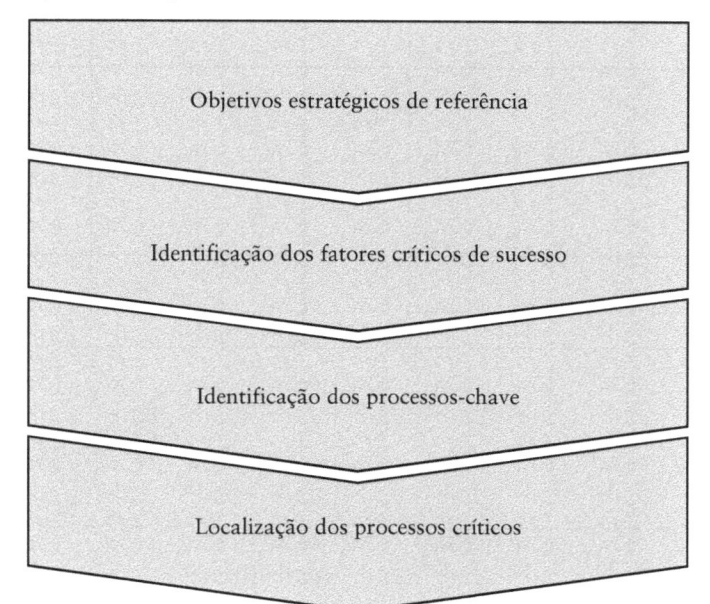

**Figura 15.4** – Etapas da fase de identificação, avaliação e seleção dos processos críticos.

### 5.10.1.1 Objetivos estratégicos de referência

A equipe GI de 1º Nível, composta pela alta administração, define o plano estratégico para a organização. Do plano estratégico é possível extrair os objetivos estratégicos de referência: "O quê? Quanto? e Quando?".

### 5.10.1.2 Identificação dos fatores críticos de sucesso

A partir dos objetivos estratégicos é possível elencar os fatores críticos de sucesso (FCS) para a obtenção dos objetivos estratégicos. Normalmente, nessa etapa é utilizada a Matriz Objetivos Estratégicos × Fatores Críticos de Sucesso, conforme Figura 5.5.

| Objetivo Estratégico \ Fator Crítico de Sucesso | FSC 1 | FSC 2 | FSC 3 | FSC 4 | ...... | FSC n |
|---|---|---|---|---|---|---|
| OE 01 | | | | ⬤ | | |
| OE 02 | ⬤ | | | ⬤ | | |
| OE 03 | | | | | | ⬤ |
| OE 04 | | ⬤ | ⬤ | | | |
| ....... | | | | | | |
| OE n | | | | ⬤ | | |

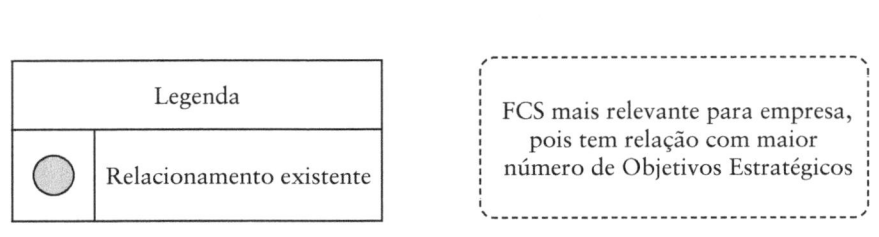

| Legenda | |
|---|---|
| ⬤ | Relacionamento existente |

FCS mais relevante para empresa, pois tem relação com maior número de Objetivos Estratégicos

**Figura 5.5** – Matriz Objetivos Estratégicos x Fatores Críticos de Sucesso.

## 5.10.1.3 Identificação dos processos-chave

O próximo passo é a identificação dos processos-chave para a empresa, ou seja, os processos mais importantes para que a empresa atinja seus objetivos estratégicos de referência. Para cada um dos fatores críticos de sucesso é necessário relacionar todos os processos necessários para sua satisfação. O conjunto dos processos, assim apontados, deve ser suficiente para atingir os objetivos do negócio. Para cumprir essa etapa, utiliza-se a matriz "Fatores Críticos de Sucesso × Processos" – matriz FCS-P, apresentada na Figura 5.6.

| Fator Crítico de Sucesso / *Peso / Processo | FCS 1 / 2 | FCS 2 / 1 | FCS 3 / 3 | FCS 4 / 2 | ..... | FCS n / 2 | TOTAL | Impacto sobre o Negócio (N) |
|---|---|---|---|---|---|---|---|---|
| Processo 01 | ◎ | | | | | | 18 | ➡ 4 – Elevado |
| Processo 02 | | △ | ▢ | | | | 6 | ➡ 1 – Nulo |
| Processo 03 | | ◎ | | | | | 9 | ➡ 2 – Discreto |
| Processo 04 | | | | △ | | ▢ | 8 | ➡ 2 – Discreto |
| ....... | | | | | | | | |
| Processo n | | | | △ | | ◎ | 27 | ➡ 5 – Fundamental |

| Legenda | | |
|---|---|---|
| ▢ | Relacionamento fraco | 1 |
| △ | Relacionamento médio | 3 |
| ◎ | Relacionamento forte | 9 |

(*) O peso do Fator Crítico de Sucesso corresponde ao seu grau de relacionamento com os Objetivos Estratégicos de Referência. FCS que se relacionam com mais objetivos apresentam pesos maiores.

**Figura 5.6** – Matriz Fatores Críticos de Sucesso x Processos (FCS-P).

## 5.10.1.4 Localização dos processos críticos

A última etapa dessa fase corresponde à localização dos processos críticos (elevada importância para o negócio e desempenho insatisfatório). Para cada um dos processos devem ser conduzidas avaliações de duas naturezas:

a.  avaliação de seu impacto sobre os negócios (N); e

b.  avaliação da qualidade de seu desempenho (Q) em função do atendimento às expectativas e necessidades.

A avaliação do impacto do processo sobre o negócio (N) foi obtida por meio da matriz FCS-P. No exemplo anterior, o "Processo n" corresponde ao processo mais importante para o negócio, seguido pelo "Processo 01". Já a avaliação de desempenho do processo (Q) deve ser realizada por meio de métricas e avaliações objetivas, como, por exemplo, indicadores de desempenho do processo relacionados à qualidade (incluindo retrabalhos e custos da falta de qualidade), tempo de atravessamento, volume e reclamações de clientes (pesquisa de satisfação). Com base nessas avaliações são selecionados os processos críticos, ou seja, aqueles que têm maior impacto sobre os negócios e piores desempenhos. Para cumprir essa etapa, utiliza-se a matriz N-Q (Figura 5.7).

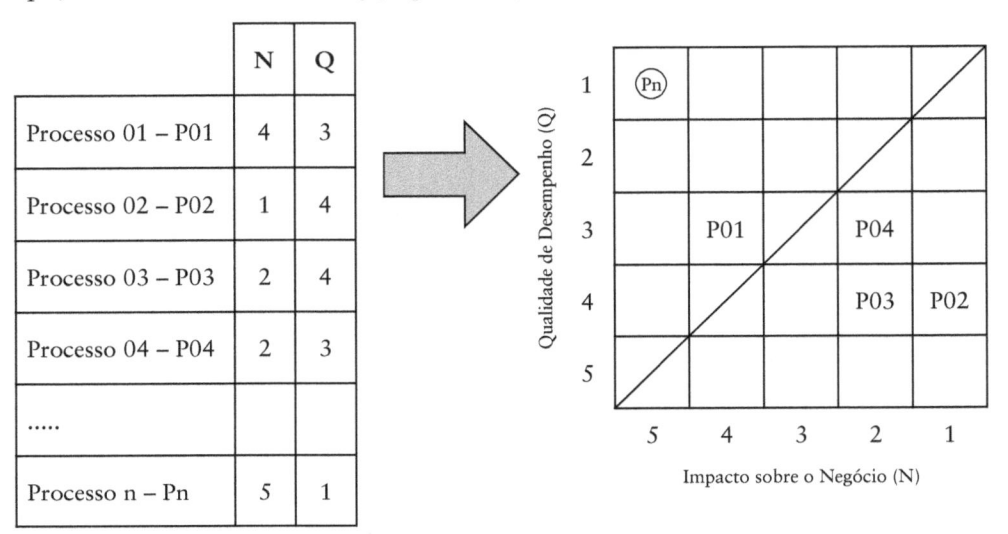

| | N | Q |
|---|---|---|
| Processo 01 – P01 | 4 | 3 |
| Processo 02 – P02 | 1 | 4 |
| Processo 03 – P03 | 2 | 4 |
| Processo 04 – P04 | 2 | 3 |
| ..... | | |
| Processo n – Pn | 5 | 1 |

| Legenda | |
|---|---|
| N | Q |
| 5 – Fundamental | 5 – Excelente |
| 4 – Elevado | 4 – Boa |
| 3 – Médio | 3 – Regular |
| 2 – Discreto | 2 – Fraca |
| 1 – Nulo | 1 – Péssima |

Processos críticos: Pn – P01

Seleção das prioridades

**Figura 5.7** – Matriz Impacto sobre o Negócio x Qualidade do Desempenho (N-Q).

## 5.10.2 Gestão e aperfeiçoamento dos processos críticos selecionados

Após a equipe GI de 1º Nível selecionar o(s) processo(s) crítico(s) a ser(em) melhorado(s), tem início a segunda fase da aplicação do GI. A Figura 5.8 apresenta as etapas da fase de gestão e aperfeiçoamento dos processos críticos selecionados.

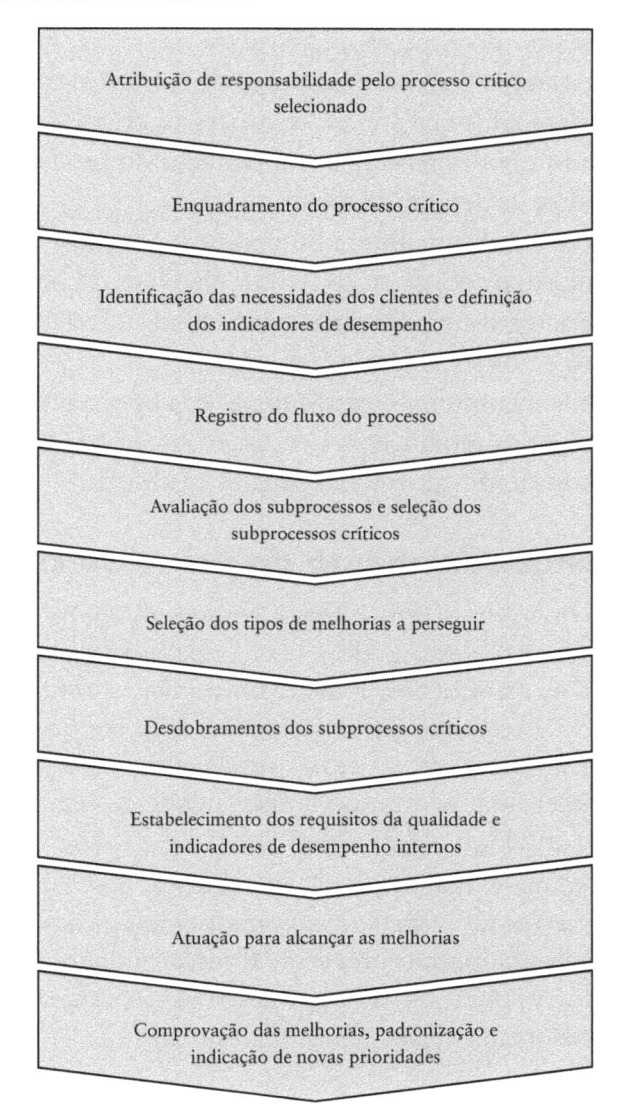

**Figura 5.8** – Etapas da fase de gestão e aperfeiçoamento dos processos críticos selecionados.

## 5.10.2.1 Atribuição da responsabilidade pelo processo crítico selecionado

A direção do processo crítico selecionado e sua melhoria são atribuídas ao *Process Owner* (dono do processo). O dono do processo é o responsável pelo desempenho de todo o processo e deve coordenar todas as funções que intervêm no próprio processo a fim de assegurar que os resultados sejam adequados. A definição do dono do processo é atribuição da Equipe GI de 1º Nível. Compete ao *Process Owner* – PO:

- Definir o escopo do processo, as áreas/setores envolvidos, os principais produtos e serviços gerados pelo processo e os seus principais clientes.
- Remover os gargalos que afetam os processos críticos e melhorar a comunicação durante todas as etapas e atividades do processo, sobretudo nas interfaces entre os departamentos.
- Liderar e coordenar a melhoria do processo por meio da:
  - implantação e coordenação da Equipe GI de 2º Nível;
  - definição, em conjunto com a equipe GI de 2º Nível, dos requisitos do processo e dos sistemas de controle;
  - deleção, em conjunto com a equipe, das oportunidades de melhoria;
  - realização das modificações necessárias, verificação dos resultados e padronização dos novos métodos de operação.

### 5.10.2.2 Enquadramento do processo crítico

Nessa etapa o dono do processo tem a responsabilidade de identificar e definir a missão do processo, destacando a razão pela qual ele existe e a sua amplitude, ou seja, quais as atividades que marcam o início e o fim do processo e os seus responsáveis. Vale ressaltar que em uma situação em que praticamente não seja possível definir a missão do processo, provavelmente o processo tenha sido priorizado de forma errada, ocorrendo a necessidade de reinício do processo de seleção do processo crítico.

Ainda nessa etapa é realizada a identificação dos macroindicadores de desempenho do processo. Os macroindicadores escolhidos devem ser consistentes com a missão estabelecida para o processo. É recomendado efetuar uma análise histórica dos mesmos, apontar os valores atuais e os respectivos valores desejados para os macroindicadores.

### 5.10.2.3 Identificação das necessidades dos clientes e definição dos indicadores de desempenho

Nessa etapa, deve ser estabelecido, em conjunto com os clientes (internos e externos), o elenco de necessidades esperadas e valorizadas pelos clientes para os principais produtos e serviços gerados pelo processo crítico. Na sequência, as necessidades devem ser hierarquizadas e acordadas com os clientes, aquelas necessidades consideradas prioritárias.

Os próximos passos são definir os padrões e indicadores de desempenho correlacionados às necessidades dos clientes com a finalidade de medir o desempenho global do processo, avaliar o impacto das melhorias introduzidas e implantar as medições oportunas para dispor, regularmente, dos indicadores de desempenho.

## 5.10.2.4 Registro do fluxo do processo

A próxima etapa do Gerenciamento Interfuncional consiste no registro do processo. Há duas formas de registrar um processo: utilizando a ferramenta básica da qualidade fluxograma ou por meio da chamada matriz em "T" (Figura 5.9).

Durante essa etapa é importante que sejam identificados todos os subprocessos que são executados, bem como as inter-relações entre os subprocessos, ou seja, a cadeia cliente-fornecedor. Além disso, recomenda-se registrar também o fluxo de informações, documentos preenchidos e sistemas (softwares) ou banco de dados utilizados.

| | Subprocesso 01 | Subprocesso 02 | Subprocesso 03 | ⋮ | Subprocesso n |
|---|---|---|---|---|---|
| *Stakeholder* n | | | | | |
| .... | | | | | |
| *Stakeholder* 03 | | | | | |
| *Stakeholder* 02 | | | | | |
| *Stakeholder* 01 | | | | | |
| Fornecedor / Subprocesso / Cliente | | | | | |
| *Stakeholder* 01 | | | | | |
| *Stakeholder* 02 | | | | | |
| *Stakeholder* 03 | | | | | |
| .... | | | | | |
| *Stakeholder* n | | | | | |

**Figura 5.9** – Mapeamento do processo utilizando a Matriz "T".

## 5.10.2.5 Avaliação dos subprocessos e seleção dos subprocessos críticos

Os subprocessos identificados na etapa anterior são avaliados tendo em vista sua importância (I) para o êxito do processo priorizado. Para avaliar a importância do subprocesso se faz uso da matriz "Fatores Críticos de Sucesso *versus* Subprocessos" – matriz FCS-SP. Trata-se da mesma ferramenta utilizada para avaliar o impacto do processo sobre os negócios. A diferença é que agora o cruzamento dos FCS é com os subprocessos que compõem o processo crítico priorizado. Além disso, se faz uso apenas dos fatores críticos de sucesso que possuem relacionamento com o processo crítico priorizado, consultando a matriz FCS-P. Com relação aos pesos dos fatores críticos de sucesso, devem-se repetir os mesmos pesos da matriz FCS-P (Figura 5.10).

| Fator Crítico de Sucesso / *Peso / Subrocesso | FCS 1 | FCS 2 | FCS 3 | FCS 4 | ..... | FCS 4 | TOTAL | Importância para o processo |
|---|---|---|---|---|---|---|---|---|
| *Peso* | 2 | 1 | 3 | 2 | | 2 | | |
| Subprocesso 01 | | | ◎ | | | ▢ | 29 | ➡ 5 – Fundamental |
| Subprocesso 02 | ▢ | | | △ | | | 8 | ➡ 1 – Nulo |
| Subprocesso 03 | | △ | | ◎ | | | 21 | ➡ 4 – Elevado |
| Subprocesso 04 | | | | △ | | ▢ | 8 | ➡ 1 – Nulo |
| ....... | | | | | | | | |
| Subprocesso n | ▢ | | △ | | | ◎ | 29 | ➡ 5 – Fundamental |

| Legenda | | |
|---|---|---|
| ▢ | Relacionamento fraco | 1 |
| △ | Relacionamento médio | 3 |
| ◎ | Relacionamento forte | 9 |

**Figura 5.10** – Matriz Fatores Críticos de Sucesso x Subprocessos (FCS-SP).

O próximo passo corresponde a avaliar cada um dos subprocessos tendo em conta o estágio atual do desempenho do subprocesso (D). Recomenda-se que a avaliação do desempenho dos subprocessos seja realizada por meio de critérios objetivos e/ou evidências, ou seja, indicadores de processos como, por exemplo, indicadores de qualidade (fontes de retrabalhos e desperdícios), indicadores de tempo de atravessamento, localização de gargalos de processos, etapas nas quais se formam filas e fontes de reclamações de clientes, entre outros. Com base nessas avaliações são selecionados os subprocessos críticos, ou seja, aqueles que têm maior importância para o êxito do processo crítico priorizado e piores desempenhos. Para cumprir essa etapa, utiliza-se a matriz I-D (Figura 5.11).

| | I | D |
|---|---|---|
| Subprocesso 01 – SP01 | 5 | 1 |
| Subprocesso 02 – SP02 | 1 | 5 |
| Subprocesso 03 – SP03 | 4 | 4 |
| Subprocesso 04 – SP04 | 1 | 2 |
| ..... | | |
| Subprocesso n – SPn | 5 | 5 |

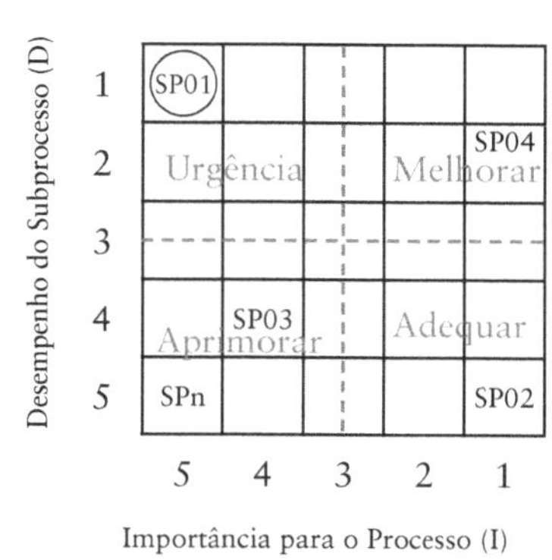

Importância para o Processo (I)

| Legenda | |
|---|---|
| I | D |
| 5 – Fundamental | 5 – Exelente |
| 4 – Elevado | 4 – Bom |
| 3 – Médio | 3 – Regular |
| 2 – Discreto | 2 – Fraco |
| 1 – Nulo | 1 – Péssimo |

Subprocesso crítico: SP01

**Figura 5.11** – Matriz Importância para o Processo x Desempenho do Subprocesso (I-D).

## 5.10.2.6 Seleção dos tipos de melhorias a perseguir

A matriz I-D, possui quatro zonas de melhoria e aponta para os métodos de melhoria a serem aplicados em cada um dos quatro quadrantes:

- **Zona de Urgência** – subprocessos de importância fundamental e desempenho inadequado: subprocessos que requerem ruptura; provavelmente deve-se revisar e reprojetar o subprocesso em termos de organização, procedimentos, pessoal, tecnologia e responsabilidades; é aconselhável a constituição de um grupo de projeto para o estudo e a definição das mudanças necessárias.
- **Zona de Melhoria** – subprocessos de importância média/baixa e desempenho inadequado: subprocessos que requerem melhorias localizadas, de pequena amplitude; não é necessário rever a organização existente; é aconselhável uma abordagem segundo a lógica do "gerenciamento da rotina" (Daily Routine Work – DRW) com provável utilização de controle do processo.
- **Zona de Aprimoramento** – subprocessos de importância fundamental e desempenho adequado: subprocessos que requerem aprimoramento con-

tínuo (Kaizen); provavelmente é suficiente agir sobre a configuração existente, sem modificar a organização; a utilização sistemática das ferramentas da qualidade é vital para assegurar a contínua busca por melhoria.

- **Zona de Adequação** subprocessos de importância discreta e desempenho adequado: subprocessos que não requerem Intervenção e aos quais não se deve atribuir maior relevância; é suficiente delegar responsabilidades de direção associada à adoção de mecanismos de acompanhamento/monitoração do tipo verificação/controle dos resultados.

## 5.10.2.7 Desdobramento dos subprocessos críticos

Identificado o subprocesso que mais impacta o desempenho do processo crítico (pode existir mais de um), as próximas etapas do GI visam seu aprimoramento. A responsabilidade pelo aperfeiçoamento e melhoria do subprocesso priorizado compete ao dono do subprocesso (*Subprocess Owner*). O dono do subprocesso é designado pela equipe GI de 2º nível, normalmente pelo próprio dono do processo, e responde a este. Sua principal função é melhoria e supervisão do subprocesso crítico.

A primeira tarefa do dono do subprocesso é desdobrar o subprocesso crítico. Para isso, deverá:

- definir a missão (caracterização) do subprocesso;
- justificar a seleção do subprocesso identificando os indícios/sintomas de problemas;
- definir os limites do subprocesso, identificando qual atividade marca o início do subprocesso e qual atividade marca o fim do subprocesso;
- mapear e desenhar o fluxograma detalhado do subprocesso.

## 5.10.2.8 Estabelecimento dos requisitos da qualidade e indicadores de desempenho internos

A partir do fluxograma desenhado na etapa anterior, nessa etapa ocorre a elaboração da matriz SIPOC para os microprocessos que compõem o subprocesso prioritário, com a identificação dos fornecedores, "inputs" e seus respectivos requisitos de entrada, bem como a identificação dos clientes, "outputs" e seus respectivos requisitos de saída. Basicamente, essa etapa consiste no preenchimento da matriz SIPOC seguida da mensuração dos requisitos de entrada e saída do subprocesso, visando localizar as maiores lacunas para o atendimento dos requisitos. Vide Figura 5.12.

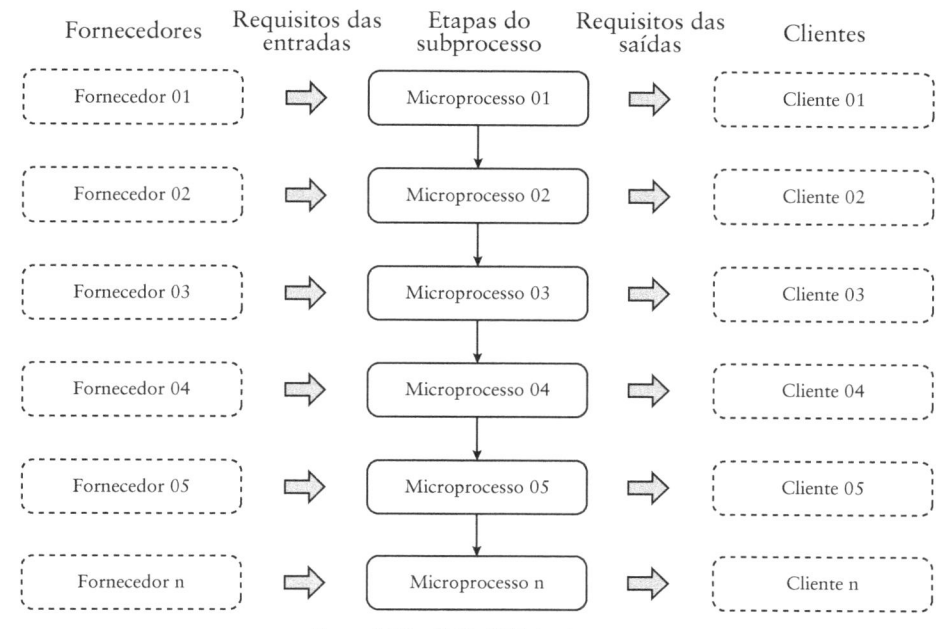

**Figura 5.12** – Matriz SIPOC do subprocesso.

Deve-se atentar para os requisitos da qualidade e sua mensuração na forma de indicadores de desempenho dos "inputs" e "outputs", pertinentes ao subprocesso. A análise de "GAP" localizará os requisitos não atendidos ou distantes dos valores desejados para processo. Serão selecionados os microprocessos com os piores desempenhos, ou seja, maiores GAPs (Quadro 5.4).

**Quadro 5.4** – Matriz de análise de GAP

| MICROPROCESSO | REQUISITO DA QUALIDADE | INDICADOR DE DESEMPENHO | VALOR ATUAL | VALOR DESEJADO | "GAP" |
|---|---|---|---|---|---|
|  |  |  |  |  |  |
|  |  |  |  |  |  |
|  |  |  |  |  |  |

O cálculo do GAP é realizado aplicando-se a seguinte equação:

$$GAP = \frac{|\text{Valor desejado} - \text{Valor atual}|}{\text{Valor atual}} * 100\%$$

### 5.10.2.9 Atuação para alcançar as melhorias

Esta etapa consiste na localização e eliminação das causas de variação do microprocesso e do desempenho insatisfatório do microprocesso. Metodologias como o MASP, por exemplo, bem como as ferramentas da qualidade, devem ser exploradas na busca das causas raízes dos problemas e sua erradicação. O resultado dessa etapa consiste na elaboração da Matriz das Ações de Melhoria, em outras palavras, Plano de Ação (Quadro 5.5).

**Quadro 5.5** – Matriz de ações de melhoria

| ETAPA DO MICROPROCESSO | EFEITOS INDESEJADOS | CAUSAS POTENCIAIS | AÇÕES DE MELHORIA SUGERIDAS | RESPONSÁVEL | PRAZO | *STATUS* |
|---|---|---|---|---|---|---|
|  |  |  |  |  |  |  |
|  |  |  |  |  |  |  |

### 5.10.2.10 Comprovação das melhorias, padronização e indicação de novas prioridades

## Comprovação das melhorias

Impostação de um sistema de controle/monitoração para verificar constantemente os indicadores de desempenho global e as medições internas ao processo. Deve-se tomar como ponto de partida o valor atual do indicador acompanhando sua evolução, ao longo do prazo preestabelecido, para o alcance do valor desejado. Devem ser controlados, sempre que possível por meio de Gestão à Vista, os indicadores relativos a:

- etapas mais importantes dos microprocessos com pior desempenho;
- microprocessos selecionados pertencentes aos subprocessos críticos;
- "inputs" e "outputs" dos subprocessos críticos;
- necessidades/requisitos dos clientes externos;
- macroindicadores do processo.

## Padronização

Formalização, documentação e comunicação de novos procedimentos que promovam benefícios comprovadamente significativos no transcorrer da aplicação dos planos de ação de melhoria. Deve ser realizado o registro dos fluxogramas atualizados dos subprocessos críticos, bem como o registro dos fluxogramas atualizados dos processos priorizados para análise e melhoria.

## Indicação de novas prioridades

Retornar à fase relativa à seleção dos subprocessos críticos e tipos de melhoria a perseguir com o intuito de pesquisar e identificar as novas prioridades para intervenção.

# REFERÊNCIAS BIBLIOGRÁFICAS

ANUPINDI, R. et al. *Man aging business process flows*. New Jersey: Prentice Hall, 1999.

GALGANO, A. *Calidad total*: clave estratégica para la competitividad de la empresa. Madrid: Dias de Santos, 1993.

GARVIN D. *General management*: Processes and Action. New York: McGraw Hill, 2002.

GREIF, M. *The visual factory*. Cambridge: Productivity Press, 1991.

HAMMER, M. *Reengineering the corporation*: a manifesto for business revolution. London: Nicholas Brealey, 1995.

LEE, J. J.; BEN-NATAN, R. *Integrating service level agreements*. Indianapolis: Wiley, 2002.

LEHR, W.; MCKNIGHT, L. W. Show me the money: contracts and agents in service level agreement markets. *Internet and Telecoms Converegence*, MIT Press, Cambridge, p. 24-36, 2002.

ROCKART, J. F. *Chief executives define their own data needs*. Harvard Business Review, v. 57, n. 2. p. 81-93, 1979.

RUMMLER, G. A.; BRACHE, A. P. *Improving performance*: how to manage the white space on the organization chart. 2. ed. New Jersey: John Wiley and Sons, 1995.

WERKEMA, M. C. C. *As ferramentas da qualidade no gerenciamento de processos*. Belo Horizonte: Fundação Christiano Ottoni, 1995.

# GERENCIAMENTO DA ROTINA

Entre as estratégias e metodologias desenvolvidas no ocidente para implementar o TQM (*Total Quality Management*) destaca-se o Gerenciamento da Rotina, também conhecido como Gerenciamento do Cotidiano ou, como originalmente chamado na língua inglesa, *Daily Routine Work* – DRW.

A utilização do DRW é indicada em situações em que uma área operacional de uma empresa constata que o seu desempenho não está satisfatório. O reconhecimento dessas situações de desempenho abaixo do esperado, a caracterização dos problemas a ele relacionados e a resolução desses problemas são pontos fundamentais no Gerenciamento da Rotina.

## 6.1 POR QUE ADOTAR UMA METODOLOGIA PARA A MELHORIA DA ROTINA?

No plano de fundos para a aplicação do Gerenciamento da Rotina estão os ciclos PDCA (*Plan – Do – Check – Action*) e SDCA (*Standardization – Do – Check – Action*), conforme representado na Figura 6.1.

Introduzido no Japão por Deming com o propósito de tornar mais claros e ágeis os processos envolvidos na gestão empresarial, esses ciclos são métodos de gestão, uma forma de trabalho, que orienta o processo de tomada de decisão para o estabelecimento das metas e dos meios e ações necessários para executá-las e acompanhá-las a fim de garantir que melhorias introduzidas sejam mantidas e aprimoradas continuamente. Esses ciclos podem ser utilizados em qualquer empresa, de forma a garantir o sucesso nos negócios, independentemente da área, departamento ou processo.

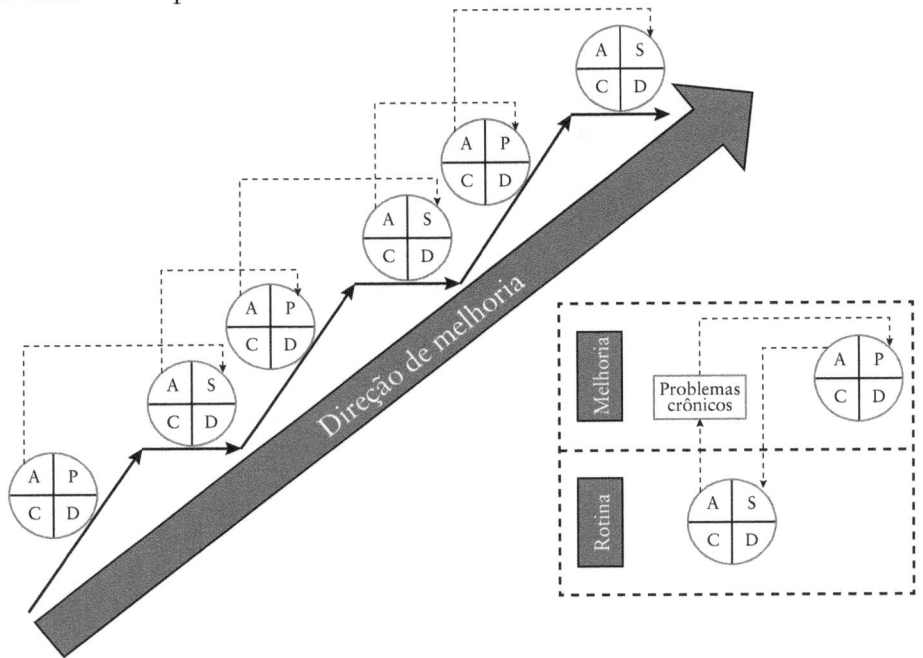

**Figura 6.1** – Os ciclos PDCA/SDCA e a melhoria da rotina.

## 6.2 ETAPAS DO GERENCIAMENTO DA ROTINA

O gerenciamento da rotina pode ser subdivido em oito etapas, a saber:

1. Definição do problema – Identificação do microprocesso crítico.
2. Reconhecimento das características do problema – Finalidade do microprocesso crítico.
3. Análise do problema – Causas de lacunas entre necessidades e expectativas dos clientes e o que está sendo entregue.
4. Plano de Ação – Definição dos controles e melhoria do microprocesso.
5. Execução – Implantação dos controles e ações de melhoria.
6. Verificação – Comprovação dos resultados.
7. Padronização – Matriz para a padronização do microprocesso redefinido e eliminação definitiva das causas.
8. Conclusão – Revisão das atividades e planejamento de prioridades futuras.

A Figura 6.2 distribui as oito etapas do gerenciamento da rotina nas quatro etapas do ciclo PDCA, separando claramente quais ações pertencem a cada uma das etapas do ciclo.

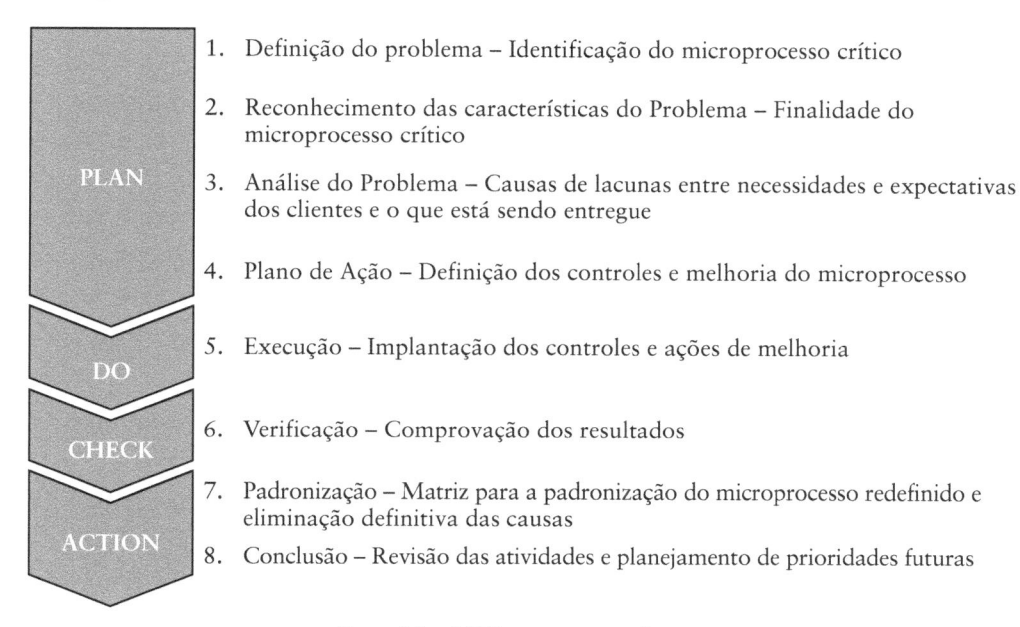

**PLAN**

1. Definição do problema – Identificação do microprocesso crítico

2. Reconhecimento das características do Problema – Finalidade do microprocesso crítico

3. Análise do Problema – Causas de lacunas entre necessidades e expectativas dos clientes e o que está sendo entregue

4. Plano de Ação – Definição dos controles e melhoria do microprocesso

**DO**

5. Execução – Implantação dos controles e ações de melhoria

**CHECK**

6. Verificação – Comprovação dos resultados

**ACTION**

7. Padronização – Matriz para a padronização do microprocesso redefinido e eliminação definitiva das causas

8. Conclusão – Revisão das atividades e planejamento de prioridades futuras

**Figura 6.2** – O PDCA e o gerenciamento da rotina.

## 6.2.1 Definição do problema – Identificação do microprocesso crítico

Como o que se busca é a satisfação do cliente por meio do controle sistemático e da melhoria contínua de cada microprocesso em base diária e progressiva, no DRW não se fica restrito apenas às situações insatisfatórias e resolução dos problemas associados. O verdadeiro objetivo é buscar a melhoria contínua no atendimento aos clientes e suas necessidades. As situações insatisfatórias podem ser reclamações quanto ao não cumprimento da missão de uma área, o não cumprimento de metas e procedimentos, queixas quanto a demoras e atrasos, queixas quanto à carga de trabalho, manifestação de conflitos ou mesmo a dificuldade para enfrentar mudanças e novos desafios, manifestações de instabilidade dos microprocessos, não alinhamento com as estratégias da organização e retrabalhos constantes.

Reconhecidas as situações insatisfatórias, o responsável pela área operacional decide, em conjunto com sua equipe de trabalho, enfrentá-las. Para isso, o processo se inicia com um diagnóstico das manifestações das situações indesejadas. O diagnóstico que pode conduzir à localização de problemas tem início com a análise dos processos realizados nos limites da área operacional. Feito o diagnóstico da situação e definidos os microprocessos importantes relacionados ao desempenho insatisfatório, ou seja, os microprocessos críticos, são, então, utilizadas as ferramentas básicas ou operacionais da qualidade para remover barreiras e obstáculos para, em seguida, melhorar continuamente esses microprocessos visando o desempenho cada vez melhor dessa área operacional.

As áreas de melhoria operacional podem ser áreas funcionais ou setores da organização. Para revisar os microprocessos operacionais e localizar os microprocessos críticos, passam-se, inicialmente, pela identificação dos clientes dos microprocessos e de suas necessidades. São respondidas, nessa oportunidade, as seguintes perguntas relativas aos microprocessos do setor e seus clientes:

- Quais microprocessos são praticados na área?
- Quem e quantos são os clientes dos microprocessos?
- Quais são as necessidades e expectativas dos clientes?
- Quais são os indicadores e métricas da qualidade para acompanhamento dos microprocessos?
- Quais são os objetivos e os limites de controle dos microprocessos?
- Qual o desempenho atual dos microprocessos?
- Quão repetitivos e controlados são os microprocessos?
- Qual a carga de trabalho envolvida nos microprocessos?
- Quais seriam as repercussões de eventuais erros?
- Quanto custaria eventuais erros?
- Qual o potencial de melhoria dos microprocessos?

Essas perguntas, além de orientarem a identificação do microprocesso prioritário, permitem também uma avaliação e revisão da área ou setor como um todo. Normalmente, utilizam-se ferramentas de priorização como, por exemplo, matrizes de priorização, para a identificação e seleção do microprocesso crítico.

## 6.2.2 Reconhecimento das características do problema – Finalidade do microprocesso crítico

Localizado o microprocesso crítico, a etapa seguinte corresponde à definição da finalidade do microprocesso. É extremamente importante demonstrar que o microprocesso que está sendo tratado é relevante. Para isso, pode-se apresentar o histórico de seus problemas e como foi a sua trajetória até o presente momento.

Para aprofundar o conhecimento a respeito do microprocesso crítico, devem ser definidas suas entradas e saídas, sua missão e valor, seus clientes e fornecedores.

O caminho a percorrer, pela quantidade de perguntas que devem ser respondidas, pode ser longo e demorado, se mal conduzido. Os erros mais comuns cometidos são:

- abandonar o processo antes de se alcançar a solução dos problemas encontrados;
- deixar de responder a alguma das perguntas fazendo com que a localização e a solução dos problemas do microprocesso não sejam bem-sucedidas.

Para evitar que o processo de gerenciamento da rotina seja mal executado, é preciso instituir um roteiro que obrigue o pessoal atuando na área de melhoria selecionada a praticar o processo corretamente. Visando criar uma disciplina na aplicação do gerenciamento da rotina é aconselhável desenvolver um conjunto de instrumentos de trabalho. Para a identificação da finalidade do microprocesso crítico pode ser utilizado um instrumento facilitador como o que é apresentado na Figura 6.3.

| QUESTÕES | RESPOSTAS |
|---|---|
| Quem é o meu fornecedor para este microprocesso? | |
| Quais são as entradas (*inputs*) que me fornece? | |
| Quem são os meus clientes para este microprocesso? | |
| Quais são as saídas (*outputs*) deste microprocesso? | |
| Qual a frequência dessas saídas? | |
| Como são aproveitadas essas saídas pelos clientes? | |
| Qual a real destinação que os clientes dão às saídas do microprocesso? | |
| Quais são as consequências para os clientes dos erros cometidos no microprocesso? | |
| O que aconteceria se a partir de amanhã o microprocesso deixasse de existir? | |
| Como o microprocesso é descrito pelo cliente? | |
| Por que realmente este microprocesso é importante? | |

**Figura 6.3** – *Checklist* de identificação da finalidade do microprocesso crítico.

## 6.2.3 Análise do problema – Causas de lacunas entre necessidades e expectativas dos clientes e o que está sendo entregue

O primeiro passo desta etapa corresponde ao levantamento das necessidades junto aos clientes. Para montar uma tabela com a "voz do cliente", no caso de uma cadeia cliente-fornecedor há três instrumentos eficazes:

- a pesquisa contextual;
- o mapeamento do fluxo do processo;
- a combinação da pesquisa e do mapeamento do fluxo do processo.

A pesquisa contextual é uma técnica de coleta das necessidades e expectativas dos clientes. Realiza-se uma visita ao cliente no contexto de seu ambiente de trabalho. O visitante, no caso o fornecedor, observa o que está acontecendo e faz perguntas. Essa visita pode tomar de quatro a oito horas e propicia a oportunidade de compreender os problemas que possam ocorrer e permite a observação de distrações inevitáveis e de atividades incomuns. É como fazer o registro de um filme, um dia na vida do cliente.

O mapeamento do fluxo do processo consiste na elaboração de um fluxograma das operações realizadas pelo cliente. Após confirmar o fluxo do processo com o cliente pode-se compreender suas necessidades e perceber o que, quando e como o que é fornecido vai ser utilizado. Recomenda-se investigar os quatro elementos básicos de um problema: tempo, local, tipo e efeitos. Além disso, é salutar adotar diferentes pontos de vista para especular sobre as causas do problema. Em seguida, é elaborado o quadro com as informações captadas (Quadro 6.1).

**Quadro 6.1** – Necessidades e situações de insatisfação dos clientes

| Necessidade percebida | Característica mensurável da necessidade | Possíveis situações insatisfatórias |
|---|---|---|
|  |  |  |
|  |  |  |
|  |  |  |
|  |  |  |

Na sequência, são definidos os Indicadores da Qualidade e elaborada a matriz das características mensuráveis das necessidades/expectativas (Quadro 6.2), seus indicadores da qualidade, valores atuais, valores desejados e a lacuna existente.

**Quadro 6.2** – Matriz das características mensuráveis

| Indicador da Qualidade | Valor atual (I) | Valor desejado / objetivo (II) | Lacuna $\dfrac{\|II-I\|}{I} * 100\%$ | Possíveis causas das lacunas |
|---|---|---|---|---|
|  |  |  |  |  |
|  |  |  |  |  |
|  |  |  |  |  |
|  |  |  |  |  |

A partir das informações coletadas, devem-se estabelecer hipóteses sobre os principais candidatos às causas das situações insatisfatórias (grandes lacunas) e testar as hipóteses sobre os principais candidatos a causas, a fim de selecionar realmente as causas principais (causas-raiz) dos problemas. Testar as hipóteses significa investigar se realmente existe uma relação entre as possíveis causas e os resultados e, caso se admita a existência da relação, verificar quão forte é o relacionamento, ou seja, que lacunas a possível causa provoca.

## 6.2.4 Plano de Ação – Definição dos controles e melhoria do microprocesso

A próxima etapa compreende o planejamento de ações a serem tomadas para combater as possíveis situações insatisfatórias (ações corretivas), bem como ações para eliminar as reais causas do problema (ações preventivas).

Deve-se certificar que as ações a serem tomadas não produzirão outros problemas (efeitos colaterais). Se isso ocorrer, é preciso adotar outras ações ou delinear medidas atenuantes para os efeitos colaterais. Na sequência, deve ser planejado um conjunto de diferentes propostas de ação examinando as vantagens e desvantagens de cada uma delas para selecionar aquelas com as quais os colaboradores envolvidos estiverem de acordo. Elabora-se uma matriz do sistema de controle contendo as ações a serem executadas e seus respectivos responsáveis nas etapas do microprocesso crítico. O Quadro 6.3 ilustra o resultado esperado para essa etapa do gerenciamento da rotina. Relacionadas às etapas, analisa-se etapa a etapa uma proposta para o controle do microprocesso e ações de melhoria para eliminar as causas das lacunas entre a expectativa do cliente e qualidade percebida (recebida).

**Quadro 6.3** – Matriz do sistema de controle e ações de melhoria

| Etapa do microprocesso | Produto da etapa | Controle do Produto | | | Controle do Processo | | | Ação | Responsável |
|---|---|---|---|---|---|---|---|---|---|
| | | Característica mensurável | Método | Frequência | Parâmetro mensurável | Método | Frequência | | |
| | | | | | | | | | |
| | | | | | | | | | |
| | | | | | | | | | |
| | | | | | | | | | |
| | | | | | | | | | |

## 6.2.5 Execução – Implantação dos controles e ações de melhoria

As ações devem ser executadas conforme Plano de Ação estabelecido no Quadro 6.3. Um plano de ação é composto por quatro colunas obrigatórias:

- Ação;
- Responsável;
- Prazo; e
- *Status* (posição).

Para a elaboração de planos de ação, uma técnica muita utilizada é a do 5Ws ("Who" – quem; "When" – quando; "Where" – onde; "What" – o quê; "Why" – por quê) e 1H ("How" – como). Um Plano de Ação composto por estas seis colunas (5W + 1H) e a coluna do *status*, importante para a gestão do plano de ação, é reconhecido como o Plano de Ação ideal. Deve-se ainda atentar para a coleta/estratificação dos dados durante a execução do Plano de Ação.

## 6.2.6 Verificação – Comprovação dos resultados

Nessa etapa devem-se comparar os dados do problema (resultados indesejáveis relativos ao microprocesso crítico) obtidos antes e depois da execução das ações de melhoria, utilizando-se, sempre que possível, o mesmo instrumento para a comparação (tabelas, gráficos, diagramas). Uma sugestão de instrumento está representada no Quadro 6.4.

**Quadro 6.4** – Matriz para acompanhamento da evolução do desempenho

| Indicador da Qualidade | Valor atual | Valor desejado | Mês 1 | Mês 2 | Mês 3 | Mês 4 | Mês 5 | Mês 6 |
|---|---|---|---|---|---|---|---|---|
|  |  |  |  |  |  |  |  |  |
|  |  |  |  |  |  |  |  |  |
|  |  |  |  |  |  |  |  |  |
|  |  |  |  |  |  |  |  |  |
|  |  |  |  |  |  |  |  |  |

Recomenda-se ainda procurar converter os ganhos com a eliminação do problema em valores monetários e estabelecer uma rotina de acompanhamento para evitar quaisquer possibilidades de reincidência do problema.

## 6.2.7 Padronização – Matriz para a padronização do microprocesso redefinido e eliminação definitiva das causas

Após a implantação das ações e verificação de ganhos de desempenho, a etapa seguinte corresponde na criação de padrões e treinamentos das pessoas nos novos padrões, para que os ganhos obtidos não sejam perdidos. Deve-se, portanto, rodar o ciclo SDCA. Para isso, novamente se pode fazer uso da técnica dos cinco Ws e um H, os quais para a melhoria do trabalho devem ser claramente identificados e usados como o novo padrão/instrução de trabalho.

Para a criação e fixação de padrões, procedimento é a ferramenta mais indicada. Além disso, as preparações e comunicações para a operacionalização dos novos padrões devem ser corretamente executadas e os envolvidos treinados nos novos padrões. Por fim, um sistema de definição de responsabilidades deve ser estabelecido para verificar se os novos padrões estão sendo cumpridos. Um instrumento para acompanhamento dos novos padrões está representado no Quadro 6.5.

**Quadro 6.5** – Matriz para a padronização dos microprocessos aprimorados

| Etapa do microprocesso | Efeitos indesejados | Causas potenciais | Ações de melhoria sugeridas | Responsável | Prazo | Status |
|---|---|---|---|---|---|---|
| | | | | | | |
| | | | | | | |
| | | | | | | |
| | | | | | | |

## 6.2.8 Conclusão – Revisão das atividades e planejamento de prioridades futuras

A última etapa do gerenciamento da rotina consiste em refletir sobre as coisas que transcorreram bem ou mal durante as atividades de análise, solução de problemas e melhoria do microprocesso crítico, para daí extrair lições aprendidas para futuras aplicações da metodologia.

Análises finais devem ser realizadas visando reunir as lições aprendidas para arquivar as informações sobre o trabalho, com vistas a serem usadas futuramente pela organização em bases de conhecimento de informações históricas. Essas bases de conhecimento de lições aprendidas favorecem a transferência das experiências e conhecimentos adquiridos para áreas ou grupos com problemas semelhantes, além de evitar que ações que não trouxeram resultados sejam repetidas no futuro.

Finalmente, a gerência deve realizar análise crítica do processo de solução de problemas e melhoria da qualidade para priorizar os investimentos necessários, bem como definir as próximas ações e próximos microprocessos a serem aprimorados.

## 6.3 INFORMAÇÕES ADICIONAIS

Existe intersecção entre o gerenciamento da rotina e o gerenciamento pelas diretrizes a partir da localização e especificação da área de melhoria operacional (AMO) no gerenciamento pelas diretrizes. A aplicação do CEDAC corresponde a uma aplicação do gerenciamento da rotina.

Existe intersecção entre o gerenciamento da rotina e o gerenciamento interfuncional a partir da localização e descrição dos microprocessos críticos desdobrados para cada um dos subprocessos críticos priorizados no gerenciamento interfuncional.

No gerenciamento pelas diretrizes, define-se como uma organização deve gerenciar suas prioridades no dia a dia. Já no gerenciamento interfuncional é definido como uma organização deve gerenciar seus processos no dia a dia. Por fim, no gerenciamento da rotina é definido como uma área operacional deve ser gerenciada no dia a dia.

É conveniente lembrar que Ryuji Fukuda quando desenvolveu o CEDAC (Diagrama de Causa e Efeito com Adição de Cartões), como indicado no Capítulo 4, "Gerenciamento pelas Diretrizes" articulou toda a dinâmica a ser adotada para que uma área de melhoria operacional possa rapidamente praticar o processo de gerenciamento da rotina.

No Capítulo 4 também está indicado o uso do SAPAC, poderoso instrumento de trabalho para orientar a aplicação da Gestão à Vista na estrutura hierárquica das organizações, orientando dessa forma o que se pode chamar Gestão Ágil.

# REFERÊNCIAS BIBLIOGRÁFICAS

ANUPINDI, R. et al. *Managing business process flows*. New Jersey: Prentice-
-Hall Inc. 1999.

DENNIS, P. *Fazendo acontecer a coisa certa*: um guia de planejamento e execução para líderes. São Paulo: Lean Institute Brasil, 2007.

FUKUDA, R. *CEDAC*: a tool for continuous systematic improvement. Cambridge, Mass: Productivity Press, 1990.

_____. *Managerial engineering*: techniques for improving quality and productivity in the workplace. Cambridge: Productivity Press, 1986.

GALGANO, A. *Calidad total*: clave estratégica para la competitividad de la empresa. Madrid: Díaz de Santos, 1993.

GARVIN, D. *The processes of organization and management*. Sloan Management Review, p. 33-50, Summer 1998.

GREIF, M. *The visual factory*. Cambridge: Productivity Press, 1991.

MERLI, G. *Eurochellenge*: the TQM approach to capturing global markets. England: IFS, 1993.

SCHIILITO, M. L. *Adquiring, processing, and deploying voice of the customer*. Boca Raton, FL: CRC Press, 2001.

SMALLEY, A. *Entendendo o pensamento* A3. 1. ed. Porto Alegre: Bookman, 2010.

SUFFERT, C. J. *O giro do PDCA*. 1. ed. Rio de Janeiro: QualityMark, 2000.

# INDICADORES

## 7.1 O CONCEITO DE PRODUTIVIDADE

Ao longo das últimas três décadas, tanto no âmbito empresarial quanto no acadêmico, muito se tem discutido a respeito do conceito de produtividade. Entretanto, apesar da sua ampla difusão, frequentemente seu significado é confundido com o conceito de eficiência ou com o conceito de eficácia. Em virtude de possuírem conotação semelhante, produtividade, eficiência e eficácia são, muitas vezes, incorretamente tratadas como sinônimos. Dessa forma, há a necessidade de esclarecer as especificidades de cada um desses conceitos.

O termo produtividade foi utilizado pela primeira vez, de maneira formal, em um artigo do economista francês Quesnay, em 1766, e desde então, inúmeras versões para a sua definição foram propostas, sempre com a preocupação básica de retratar uma relação entre saídas e entradas de um processo ou sistema produtivo (Equação 7.1).

$$\text{Produtividade} = \frac{\text{Saídas}}{\text{Entradas}} \qquad 7.1$$

Dentro dessa linha de pensamento, pode-se então definir produtividade como a relação entre as saídas geradas por um sistema produtivo e as entradas fornecidas para gerar essas saídas. As entradas são geralmente:

- pessoal (recursos humanos);
- tecnologia;
- informações;
- capital (equipamentos, instalações);
- energia;
- utilidades;
- materiais.

Essas entradas são transformadas em saídas (produtos ou serviços). Esta relação é ilustrada na Figura 7.1.

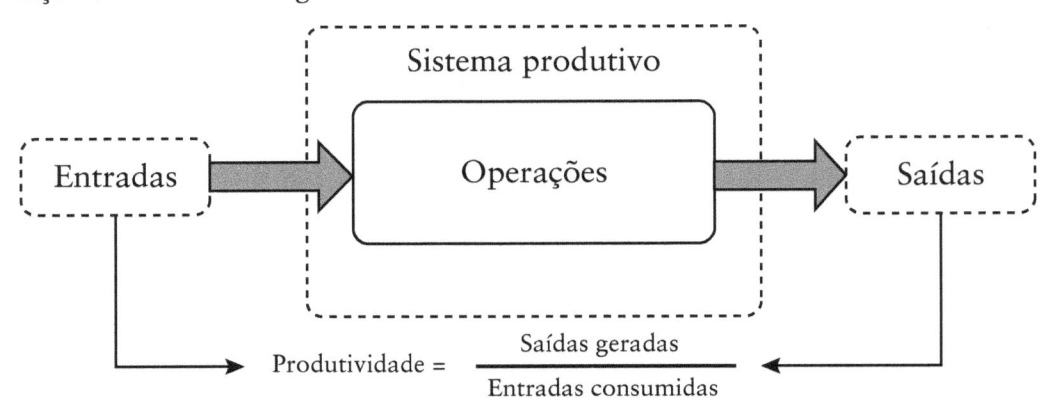

**Figura 7.1** – Produtividade de um sistema produtivo.

Esse quociente reflete o desempenho de um processo específico ou de um sistema amplo como uma empresa que, obviamente, deseja maximizá-lo.

## 7.1.1 Eficiência e eficácia

Em uma visão mais mercadológica e em uma lógica mais competitiva, as organizações, para atingir seus objetivos, buscam satisfazer seus clientes (e outros grupos de interesse) de forma mais eficiente e eficaz que seus concorrentes. Os termos eficiência e eficácia têm de ser utilizados com precisão, neste contexto.

Não existe na literatura um consenso geral com relação ao significado dos termos eficiência e eficácia. Por convenção, este livro utiliza para os conceitos de eficiência e eficácia as definições preconizadas pela ISO (*International Organization for Standardization*):

- Eficiência é a razão entre a saída real obtida e a saída padrão esperada. Essa relação pode ser genericamente representada por um quociente, conforme a Equação 7.2;

- Eficácia é um indicador de saída ou de execução, ou seja, é uma medida de desempenho de um sistema organizacional que foca no resultado do sistema.

$$\text{Eficiência} = \frac{\text{Saída real obtida}}{\text{Saída padrão esperada}} \qquad 7.2$$

Portanto, eficiência é uma medida de quão economicamente os recursos da organização são utilizados quando promovem determinado nível de satisfação dos clientes e outros grupos de interesse. Em outras palavras, eficiência é a medida de quão economicamente os recursos da organização são utilizados quando promovem determinado nível de satisfação dos clientes e/ou outros grupos de interessados.

Também é possível desenvolver indicadores para eficácia, os quais comparam o planejado com o realizado, em outras palavras, medem o grau de atingimento dos objetivos. Dessa forma, indicadores de eficácia referem-se à extensão segundo a qual os objetivos são atingidos, ou seja, as necessidades dos clientes e de outros grupos de interesse da organização (funcionários, governo, sociedade) são satisfeitas.

Resumindo:

> **Eficácia = fazer a coisa certa. Atingir o objetivo.**

> **Eficiência = fazer certo a coisa. Atingir o objetivo com otimização de recursos.**

Uma análise da Figura 7.1 permite verificar que as saídas geradas (resultados alcançados) variam mais em função da eficácia enquanto que as entradas consumidas (recursos utilizados) variam mais em função da eficiência. Dessa forma, uma empresa que em virtude de uma elevada eficiência consome racionalmente seus recursos e que em virtude da elevada eficácia produz e vende (no sentido de ter saídas aceitas pelos clientes) em grande escala, tem elevada produtividade. Por outro lado, uma empresa pode até ser muito eficiente na produção, mas se não alcançar boa aceitação para seus produtos, não conseguirá obter retorno adequado aos investimentos realizados e, assim, é provável que entre em dificuldades por baixa produtividade.

O nível de desempenho de uma operação é função dos níveis de eficiência e eficácia que suas ações têm. Dentro da perspectiva do Total Productive Maintenance (TPM), Nakajima, em seu clássico livro *An introduction to TPM*, de 1988, propôs um indicador para medir a eficiência global dos equipamentos de um sistema produtivo, o qual foi designado Overall Equipment Effectivenes (OEE). Este indicador expressa o cálculo da disponibilidade, da utilização e da eficiência dos equipamentos de um sistema produtivo.

## 7.2 CAPACIDADE

A função de qualquer unidade produtiva é atender adequadamente a sua demanda, ou seja, é função do gestor de operações garantir que a operação tenha a capacidade necessária e suficiente para que o atendimento a essa demanda ocorra. A capacidade de uma unidade produtiva, portanto, define seu potencial de execução de atividades produtivas.

Capacidade produtiva de uma unidade de operações pode ser entendida como o volume máximo potencial de atividade de agregação de valor que pode ser atingido por uma unidade produtiva sob condições normais de operação. Capacidade, portanto, deve ser vista como um potencial, um volume máximo possível de ser obtido e não deve, assim, ser confundido com os níveis de saída que a operação está produzindo em certo momento do tempo.

Uma gestão eficiente da capacidade de produção depende inicialmente de se ter uma medida correta da capacidade disponível, em cada instante, o que não é uma tarefa trivial, já que nem sempre a capacidade teórica, também chamada nominal, é aquela da qual se dispõe para uso efetivo. A capacidade efetivamente disponível difere da capacidade total teórica pelas chamadas indisponibilidades.

## 7.3 INDICADORES DA QUALIDADE

Com as constantes modificações dos padrões e graus de exigência do mercado consumidor e a luta pela competitividade e pela garantia de disponibilizar produtos e serviços aos usuários/clientes, a qualidade, a avaliação e a prática no uso de seus indicadores passam a assumir aspectos referenciais na concepção de estruturas que buscam identificar os meios para alcançar o sucesso necessário à sobrevivência do negócio.

- Dentro desse contexto, a coleta precisa de dados para o uso em indicadores poderá gerar uma série de informações importantes ao tomador de decisão. Essas informações poderão ser utilizadas na avaliação de setores, empresas e instituições, com o objetivo de evitar a repetição de falhas detectadas, direcionando sua correção e, sendo, portanto, essencial ao planejamento e controle de processos produtivos em quaisquer níveis organizacionais.

Os indicadores da qualidade e da produtividade são informações obtidas a partir da coleta de dados, os quais são gerados a partir da rotina da empresa. Os dados coletados devem ser organizados de tal forma que permitam a visualização fácil e segura dos resultados da empresa, tais como vendas, lucros, produção, produtividade, desperdícios e satisfação dos clientes.

A satisfação do cliente é, cada vez mais, um indicador e um instrumento importante para a qualidade e competitividade das empresas. A avaliação do valor e do desempenho das organizações baseada apenas em indicadores financeiros, determinados pela apuração e análise dos resultados obtidos, não fornece informação que permitam avaliar sobre a sua capacidade de gerar resultados futuros, ou seja, do seu potencial. Deve-se considerar que existe uma forte correlação entre satisfação dos clientes e os resultados financeiros obtidos.

A ausculação das necessidades e expectativas dos clientes tornou-se um ponto crucial para o conhecimento do desempenho das organizações e um fator da maior relevância para a obtenção de vantagens competitivas determinantes.

Apesar da grande apologia aos indicadores da qualidade e à sua importância, o que se tem observado na prática empresarial é a medição da falta de qualidade e não da qualidade (Quadro 7.1). Isso pode ser observado na lista de indicadores apresentada na sequência. Observe que a maioria dos indicadores tradicionais da qualidade mede a não qualidade.

**Quadro 7.1** – Direção de melhoria e indicadores da não qualidade

| Direção de melhoria | Indicador da não qualidade |
|---|---|
| Aumentar o nível de satisfação do cliente | • Devoluções durante a garantia<br>• Reclamações durante a garantia<br>• Reincidência de chamadas para a assistência técnica<br>• Pedidos anulados<br>• Reclamações<br>• Atraso na entrega<br>• Falhas apontadas pela auditoria do cliente |
| Redução das perdas | • Defeitos<br>• Refugos<br>• Retrabalho<br>• Reclassificações<br>• Paradas |

Entre as diversas formas de se realizar a medição da satisfação dos clientes as mais comuns são:

- realização de inquéritos/questionários junto aos clientes;
- tratamento de reclamações.

Normalmente, as determinantes, antecedentes ou variáveis da satisfação do cliente são:

- a imagem da empresa e da marca;
- as expectativas dos clientes sobre a empresa;
- a qualidade apercebida dos produtos e serviços da empresa;
- o valor apercebido ou a relação qualidade/preço dos produtos.

Cada uma destas variáveis está associada a um conjunto de indicadores que podem ser obtidos por meio de questionários junto aos clientes. Contudo, deve-se atentar para o fato de que satisfação e insatisfação não apresentam resultado de soma igual a um. Essa equalização não existe.

Um bom questionário de avaliação da satisfação do cliente apresenta quatro questões para avaliar um único item. Duas questões buscam avaliar a importância do item por meio da resposta para duas perguntas contrarias:

- Como o cliente se sentiria se um determinado item estivesse presente no produto ou serviço (suficiência física)?
- Como o cliente se sentiria se um determinado item não estivesse presente no produto ou serviço (insuficiência física)?

As outras duas questões avaliarão o desempenho da organização provedora do produto ou serviço e o desempenho da concorrência em relação ao item avaliado.

## 7.4 INDICADORES DE PRODUTIVIDADE

Os indicadores de produtividade, normalmente estão relacionados a dois grandes grupos de *stakeholders* (interessados):

1. Clientes (Nível de serviço);
2. Empresa (Acionistas, Proprietários).

Os indicadores ligados aos clientes retratam aspectos de qualidade, quantidade, prazo de entrega (média e variabilidade), local, preço e tempo de resposta às solicitações. Já os indicadores ligados à empresa representam medidas de produtividade dos recursos da empresa (pessoas, materiais e equipamentos). O Overall Equipment Effectivenes (OEE), apresentado na sequência deste capítulo, representa uma medida de produtividade dos equipamentos da organização.

Considerando a Equação 7.1 como referencial de partida, uma forma de representar a produtividade global de um sistema produtivo seria por meio da relação apresentada na Equação 7.3. Nesta equação, o lucro seria uma forma de representação das saídas enquanto o investimento total representaria as entradas.

$$\text{Produtividade Global} = \frac{\text{Lucro}}{\text{Investimento total}} \qquad 7.3$$

O indicador de produtividade global, também conhecido como retorno sobre o investimento, pode ser decomposto em indicadores parciais. Os indicadores parciais contribuem para uma tomada de decisão estratificada para as diferentes áreas ou setores da empresa, ao realizar uma análise individualizada das funções da organização.

A equação Lucro = (Receitas – Custos) é a orientadora dos indicadores parciais de produtividade para a gestão de qualquer empresa.

$$\text{Produtividade global} = \frac{\text{Lucro}}{\text{Investimento total}} = \frac{\text{Receita-Custos}}{\text{Investimento total}} \qquad 7.4$$

A técnica consiste na multiplicação do numerador e do denominador pelo mesmo item de interesse. Essa multiplicação não altera a relação da Equação 7.4, visto que se está multiplicando por 1.

$$\frac{\text{Lucro}}{\text{Investimento total}} = \left(\frac{\text{Receitas} - \text{Custos}}{\text{Investimento total}}\right) * \frac{\text{Saídas}}{\text{Saídas}} * \frac{\text{Capacidade}}{\text{Capacidade}} * \frac{\text{Investimento permanente}}{\text{Investimento permanente}} \quad 7.5$$

Os itens de interesses utilizados na Equação 7.5 foram capacidade, saídas do sistema produtivo e investimento permanente. As saídas são a quantidade vendida ou quantidade produzida. A capacidade corresponde à quantidade teórica máxima que o sistema produtivo é capaz de gerar. Já o investimento permanente representa o imobilizado da empresa, normalmente são equipamentos e instalações físicas. A reordenação dos fatores permite a obtenção de novos indicadores que servirão para a medição estratificada da produtividade de diferentes recursos, em diferentes áreas ou departamentos da empresa.

$$\frac{\text{Lucro}}{\text{Investimento total}} = \left(\frac{\text{Receitas}}{\text{Saídas}} - \frac{\text{Custos}}{\text{Saídas}}\right) * \frac{\text{Saídas}}{\text{Capacidade}} * \frac{\text{Capacidade}}{\text{Investimento permanente}} * \frac{\text{Investimento permanente}}{\text{Investimento total}} \quad 7.6$$

Cada uma das relações da Equação 7.6 representa um indicador relevante para acompanhamento de diferentes áreas, setores ou departamentos de uma empresa. O Quadro 7.2 apresenta a explicação do significado de cada indicador parcial obtido da equação anterior, sua direção de melhoria e os interessados no indicador.

**Quadro 7.2** – Indicadores parciais de produtividade, interessados e direção de melhoria

| Indicador | Nome técnico | Área/Setor interessado | Direção de melhoria |
|---|---|---|---|
| $\dfrac{\text{RECEITAS}}{\text{SAÍDAS}}$ | Preço unitário de venda | Marketing e Vendas | ↑ |
| $\dfrac{\text{CUSTOS}}{\text{SAÍDAS}}$ | Custo unitário de produção | Produção | ↓ |
| $\dfrac{\text{SAÍDAS}}{\text{CAPACIDADE}}$ | Ociosidade (% de Utilização da capacidade)W | Planejamento e Programação da produção | ↑ |
| $\dfrac{\text{CAPACIDADE}}{\text{INVESTIMENTO PERMANENTE}}$ | Produtividade do investimento permanente (Física) | Finanças | ↑ |
| $\dfrac{\text{INVESTIMENTO PERMANENTE}}{\text{INVESTIMENTO TOTAL}}$ | Imobilizado (% do Investimento permanente em relação ao total) | Finanças | ↓ |

## 7.5 O CONCEITO DE DISPONIBILIDADE

Os chamados recursos disponíveis são recursos prontos para a utilização. De maneira geral, a disponibilidade de um recurso pode ser definida como a relação entre o tempo em que está efetivamente disponível e o tempo total previsto para a sua operação. Existem diversas formas para medir a disponibilidade, dependendo das características da operação do equipamento e dos motivos de paradas.

Uma maneira de medir a disponibilidade de um recurso é por meio do tempo entre duas falhas. Normalmente, esse tempo é referido pelo acrônimo TMEF (Tempo Médio Entre Falhas), ou pelo equivalente na língua inglesa MTBF (*Mean Time Between Failures*). Com isso, a disponibilidade pode ser medida pela Equação 7.7.

$$Disponibilidade = \frac{TMEF}{TMEF + TMPR}$$

*ou*

$$Disponibilidade = \frac{MTBF}{MTBF + MTTR} \qquad 7.7$$

em que:

TMPR: tempo médio para reparo (*Mean Time to Repair*), que corresponde ao tempo médio necessário para reparar o equipamento.

A análise da expressão anterior fornece uma clara indicação de táticas que podem orientar as ações dos gestores da função manutenção. O TMEF é um indicador da confiabilidade do equipamento, que pode ser definida como a probabilidade de que o equipamento exercerá determinada função, em condições predefinidas e durante um intervalo de tempo predeterminado.

O TMPR é um indicador de manutenibilidade, que consiste em uma característica do projeto e da instalação do equipamento, correspondendo à probabilidade do restabelecimento da sua condição operacional especificada, em determinado intervalo de tempo e com o uso de recursos previamente determinados.

No caso de empresas que utilizam uma infraestrutura de rede altamente integrada e, em razão disso, que é muito sensível a qualquer incidente, esses indicadores tornam-se indispensáveis, fazendo parte da rotina da gestão dessas empresas. Como exemplo, pode-se citar o caso do metrô, em que qualquer incidente pode paralisar a rede de linhas e todo o sistema de circulação de trens nas linhas. Nesse caso, o conceito fundamental que permite perceber qual é o desempenho esperado dessa infraestrutura é a disponibilidade. Para este tipo de empresa a disponibilidade é a capacidade da rede permanentemente estar em condição de ser utilizada, nas condições de funcionamento esperadas, e a confiabilidade é uma condição da disponibilidade.

Algo similar ao exemplo do metrô ocorre no sistema bancário, com os serviços oferecidos via web (internet *banking*). Em ambos os casos, a disponibilidade não é valorizada em si mesma, como um recurso implantado nos equipamentos que constituem a rede. A origem de sua valorização está inteiramente ligada à garantia da execução do serviço. Haverá falta de disponibilidade quando a prestação do serviço é interrompida, ou perturbada e, como consequência, a geração do serviço, que depende dessa prestação, não é mais assegurada de maneira válida. Dessa forma, o critério de disponibilidade da rede não é apenas um critério de manutenção, mas um critério de serviço.

Zarifian talvez tenha sido o autor que mais avançou na análise da disponibilidade. Ele propôs um conceito que permite percebê-la e determiná-la: o conceito de evento. Este conceito tem o sentido de prejudicar a produção do serviço e, em função disso, mobilizar o "profissionalismo dos funcionários" da organização para o restabelecimento da prestação do serviço e, no caso de sistemas em rede como o do metrô ou a internet de um banco, compreendendo que os problemas de sua eficiência dependem não apenas da confiabilidade dos equipamentos, mas de todo o sistema de telecomunicações e informação incorporados, os quais devem informar e controlar permanentemente o estado da disponibilidade.

A produção e a interpretação das informações pelos profissionais envolvidos passam a ser cruciais para o tratamento a ser dado no caso de eventos e a consequente mobilização de recursos.

## 7.6 A MEDIDA DO *OVERALL EQUIPMENT EFFECTIVENESS* (OEE)

### 7.6.1 Conceito de falhas

Qualquer operação sempre dependerá, em maior ou menor grau, de recursos físicos, sejam eles máquinas, equipamentos ou instalações em geral. As chamadas falhas nesses recursos físicos podem acarretar consequências que vão desde um simples incômodo a perdas de grande magnitude, como perdas financeiras, de imagem e de vidas humanas.

O conceito de falha corresponde ao término da capacidade de um item desempenhar a função requerida, ou seja, quando um equipamento não apresenta o desempenho previsto. A falha pode gerar a diminuição total ou parcial da capacidade de uma peça, componente ou equipamento para desempenhar sua função durante um período de tempo, levando o item ou sistema a um estado de indisponibilidade ou perda de desempenho. Uma falha pode representar desde uma queda na quantidade produzida até a interrupção total da produção e perda da função de comando ou proteção.

As falhas podem ser divididas em dois grandes grupos: falhas ocultas e falhas evidentes. As falhas ocultas são aquelas imperceptíveis para o pessoal da operação, estando, em geral, associadas a dispositivos e sistemas de proteção que não são à prova de falhas. Já as falhas evidentes são aquelas perceptíveis ao pessoal de operação e se subdividem em três categorias: falhas com consequências para segurança e meio ambiente; falhas com consequências operacionais (que afetam a produção, qualidade do produto e custos operacionais); e falhas não operacionais (que não afetam segurança, meio ambiente e operações, restringindo-se ao custo direto de reparo).

Para identificar os elementos causadores de problemas e investigar como o sistema produtivo contribui para o desempenho global da organização, é de importância vital medir e compreender como conduzir medidas de distúrbios nos processos realizados pela empresa. Juran, em seu livro *Managerial breakthrough*, de 1964, divide os distúrbios em duas categorias: crônicos e esporádicos, dependendo da frequência com que ocorrem. Os distúrbios crônicos são geralmente complicados, permanecem escondidos, e são resultado de diversas causas simultâneas. Já os distúrbios esporádicos são mais óbvios, desde que ocorram pontualmente e com grandes desvios do estado normal.

Os distúrbios esporádicos ocorrem não regularmente e seus efeitos normalmente conduzem a problemas sérios. Há distúrbios crônicos que resultam em baixa utilização do equipamento e altos custos de operação, uma vez que ocorrem repetidamente.

Os distúrbios crônicos acarretam maior dificuldade para serem identificados, já que podem ser vistos como o estado normal. Muitas vezes, a identificação de distúrbios crônicos é possível somente por meio da comparação direta do desempenho com a capacidade teórica do equipamento.

## 7.6.2 As seis grandes perdas

Nos processos, os distúrbios crônicos e os esporádicos resultam em diferentes tipos de desperdício ou perdas, os quais podem ser definidos como as atividades que absorvem recursos, mas não criam nenhum valor.

O objetivo do indicador de eficiência global de equipamento é identificar e priorizar as ações sobre essas perdas. Trata-se de uma abordagem *bottom-up* (de baixo para cima) em que se busca conseguir a eficiência total do equipamento eliminando as seis grandes perdas propostas por Juran:

1.  quebra do equipamento;
2.  *setup* e ajustes;
3.  ociosidade e pequenas paradas;
4.  velocidade reduzida;
5.  rendimento reduzido; e
6.  defeitos no processo.

As seis grandes perdas de Juran foram agrupadas por Seichi Nakajima em três categorias, dando origem a três indicadores parciais que compõem o OEE:

1.  Perdas por paradas:
    *   a produtividade é reduzida e há perdas de qualidade, causadas por equipamentos defeituosos.
    *   *setup*: perdas de ajuste que resultam em tempos improdutivos e produtos defeituosos. Surgem quando ocorre o fim da produção de um item e os ajustes dos equipamentos necessários para a produção de outro item, posteriormente.

2.  Perdas pela baixa velocidade de operação:
    *   perdas por ociosidade e pequenas paradas ocorrem quando a produção é interrompida temporariamente por um mau funcionamento provisório, não necessariamente em virtude de quebras, ou quando o equipamento está desocupado ou ocioso.
    *   as perdas em decorrência de velocidades reduzidas correspondem à diferença entre a velocidade nominal (de projeto) do equipamento e a velocidade real de operação.

3.  Perdas por defeitos gerados pela baixa qualidade:
    *   as perdas do acerto são as perdas do rendimento que ocorrem durante os primeiros estágios da produção, ou seja, são as perdas até ser atingida a estabilização.
    *   os defeitos de qualidade e o retrabalho são perdas causadas pelo mau funcionamento do equipamento durante a produção.

O Quadro 7.3 resume as seis grandes perdas e apresenta comentários com relação a cada uma delas.

**Quadro 7.3** – As seis grandes perdas de Juran

| Categoria de perdas no OEE, conforme Nakajima | As seis grandes perdas de Juran | Comentários |
|---|---|---|
| Perdas por paradas | Paradas / Tempos improdutivos em decorrência da quebra de equipamentos | A fronteira que separa as paradas (Perdas por Paradas) e as pequenas paradas (Perdas por Operação a Baixa Velocidade) não é muito bem definida. Nesse caso, devem ser considerados apenas os distúrbios esporádicos, também conhecidos como causas especiais. Normalmente, o tempo de parada é elevado e a frequência de ocorrência é baixa. |
| | Acerto (*setup*)/ Ajustes | Inclui acerto da máquina na troca de serviço, pois esse tempo, apesar de não poder ser eliminado, pode ser reduzido. |
| Perdas por operação a baixa velocidade | Ociosidade e Pequenas paradas/esperas | Inclui paradas inferiores a cinco minutos e que não requerem intervenção do pessoal da manutenção. Nesse caso, devem ser considerados apenas os distúrbios crônicos, também conhecidos como causas comuns. Normalmente, o tempo de parada é pequeno e a frequência de ocorrência é alta. |
| | Baixa velocidade de operação | Qualquer fator que impeça o equipamento de operar em sua máxima velocidade. |
| Perdas por problemas de qualidade | Perdas no acerto/ Rendimentos reduzidos | Perdas durante a partida da máquina ou no início da produção. |
| | Perdas durante a produção por defeitos no processo | Perdas quando o processo já está operando em regime. |

O cálculo do OEE pode ser realizado a partir dos dados históricos de tempos, divididos em categorias conforme os eventos que neles ocorram. A análise começa com o Tempo Disponível Teórico (TDT), o total de horas em que a organização está aberta e disponível para a operação dos equipamentos.

Deste TDT são subtraídas as horas referentes a eventos classificados como paradas planejadas, que incluem manutenção programada, testes de engenharia ou períodos em que não há nada para ser produzido em virtude da insuficiência de vendas (tempo não vendido). O tempo restante é chamado Tempo Disponível Real (TDR) e é o ponto de partida para o cálculo do OEE.

Após o cálculo do TDR, são identificadas as perdas no processo, classificadas em três categorias: perdas por paradas, perdas por operação a baixas velocidades e perdas em decorrência de problemas de qualidade.

Do Tempo Disponível Real (TDR) são subtraídos os tempos referentes às perdas por paradas, que incluem quaisquer eventos que interrompam a produção por um período de tempo considerável (em geral, considera-se como boa prática tempos superiores a cinco minutos para empresas manufatureiras). Essas perdas por paradas são também conhecidas como tempos improdutivos e incluem falhas no equipamento, falta de material para processar, tempo para acerto na troca de serviços (setup), entre outros. Ao tempo restante dá-se o nome de Tempo Disponível para a Operação (TDO).

Na sequência, descontam-se do Tempo Disponível para a Operação (TDO) os tempos referentes às perdas por operação a baixa velocidade, que são aquelas relacionadas a qualquer evento que faça o processo operar a uma velocidade menor do que a velocidade nominal. Nesta categoria estão incluídos eventos tais como desgaste da máquina, materiais de baixa qualidade, pequenas paradas e falta de perícia do operador. O saldo desta subtração é o Tempo Líquido de Operação (TLO).

Finalmente, do TLO subtraem-se as horas relativas às perdas por problemas de qualidade, que se referem ao tempo gasto com a produção de itens não conformes, sejam eles destinados a refugo ou a retrabalho. O tempo restante é chamado Tempo Útil de Operação (TUO).

A Figura 7.2 sintetiza os passos necessários para a determinação dos tempos utilizados no cálculo do OEE.

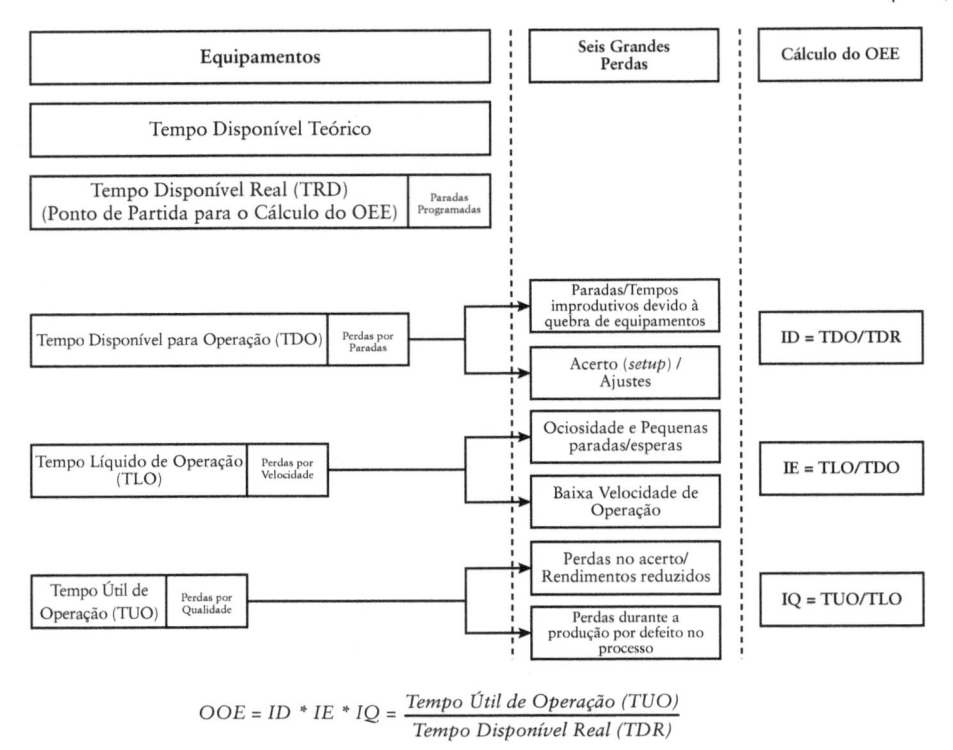

$$OOE = ID * IE * IQ = \frac{Tempo\ \acute{U}til\ de\ Opera\c{c}\~{a}o\ (TUO)}{Tempo\ Dispon\acute{\i}vel\ Real\ (TDR)}$$

**Figura 7.2** – Determinação dos tempos utilizados no cálculo do OEE.

A definição exata de OEE difere entre aplicações e autores. Por convenção, este livro adota a definição proposta por Nakajima, acrescentando outras perdas ao modelo apresentado na Figura 7.2. As seis grandes perdas são medidas nos termos da eficiência global do equipamento (OEE), que é uma função do índice de disponibilidade (ID), do índice de desempenho (IE) e do índice de qualidade (IQ). Portanto, o OEE corresponde a um indicador global o qual é composto por três indicadores parciais.

A medida do OEE de Nakajima tem início a partir do cálculo do tempo disponível teórico menos o tempo indisponível planejado, por exemplo, tempo de manutenção programada (preventiva) e testes de engenharia para desenvolvimento de novos produtos.

Uma vez computado o tempo disponível real, o tempo de operação (excluindo as perdas de tempo devidas à quebra do equipamento e *setup*, do tempo disponível), o tempo efetivo de operação (excluindo as perdas de tempo devidas à ociosidade e pequenas paradas e velocidade reduzida, do tempo de operação) e o tempo de operação com valor agregado (excluindo as perdas de tempo devidas a rendimento reduzido e defeitos no processo, do tempo efetivo de operação) são sucessivamente calculados. A medida do OEE é o resultado da multiplicação dos três índices: disponibilidade, desempenho e qualidade.

Vale ressaltar que o índice de desempenho (IE) mede a relação entre a velocidade real de operação do equipamento (ou seja, a velocidade ideal menos perdas da velocidade, pequenas paradas e operação a baixas velocidades) e a velocidade ideal de operação (baseada na capacidade do equipamento como projetado inicialmente). Dessa forma, é possível medir o desvio real do tempo em relação ao tempo de ciclo ideal.

## REFERÊNCIAS BIBLIOGRÁFICAS

JURAN, J. M. *Managerial breakthrough*: a new concept of the manager's job. New York: McGraw-Hill, 1964.

NAKAJIMA, S. *An introduction to TPM*. Portland: Productivity Press, 1988.

QUESNAY, François. *Tableu Economique*. Paris, 1766. Disponível na internet: <http://www.dominiopublico.gov.br/pesquisa/DetalheObraForm.do?select_action=&coobra=5016.15/03/2013>

SINK, D. S. *Productivity management*: planning, measurement and evaluation, control, and improvement. New York : Wiley, 1985.

SLACK, N. et al. *Administração da produção*. São Paulo: Atlas, 2002.

TAJIRI, M.; GOTOH, F. *TPM implementation*: a Japanese approach. New York: McGraw-Hill, 1992.

ZARIFIAN, P. Valor, organização e competência na produção de serviços. In: Seminário Temático Interdisciplinar: os estudos do trabalho, novas problemáticas, novas metodologias e novas áreas de pesquisa. São Paulo, 1999. *Anais...* São Paulo: USP/Unicamp/Cebrap/Senac, 1999.

CAPÍTULO

# CASOS PARA
# APLICAÇÃO DOS CONCEITOS

## 8.1 CASO 01 – SALTO INDÚSTRIAS QUÍMICAS

O primeiro nível gerencial da Salto Indústrias Químicas (SIQ), empresa sedia-da em Salto, Vale do Tietê, aguardava apenas a chegada do diretor superintendente da organização, Dr. Antonio Rafael, para dar início a uma importante reunião.

"Joaquim, nós percebemos este problema surgindo há 18 meses", balbuciou Roberto Leal, diretor da Qualidade Corporativa da SIQ. "O recente fracasso da Torpedo não é motivo para abandonarmos tudo o que temos feito nos últimos cinco anos. O que precisamos fazer é continuar com o nosso comprometimento com os clientes e estabelecer diretrizes para recolocar a empresa na posição que merece, trabalhando com modelos da Qualidade."

O diretor financeiro, Dr. Luis, olhou para seu colega e destacou que o que se deve buscar é a redução do custo da mão de obra, prática comum em outras empresas, visando a resultados no curto prazo, que é o que precisamos agora. "Ra-fael adotará, seguindo minha sugestão, uma abordagem *top-down* para dirigir a organização sem essas histórias de participação total, que só tomam o tempo de quem deve dedicar-se a produzir mais e melhor."

"Mas o TQM funcionou, para nós, maravilhosamente bem nos últimos anos", disse Marina Silva, diretora de uma das divisões da SIQ, buscando aprovação de Leal.

Dr. Luis balançou a cabeça negativamente. "Eu não acredito que Antonio Rafael vá ver isto desta maneira, Roberto e Marina. Nós transformamos, aperfeiçoamos nosso sistema de gerenciamento de processos em SIQ1, graças ao TQM. Nós somos os que têm custos menores, defeitos em produtos praticamente não existem, e batemos recordes em termos de segurança no trabalho. Além disso, SIQ1 não é fornecedora da Torpedo. Por que vamos abandonar um sistema de trabalho tão bom, por causa do fracasso da Torpedo, justamente agora?"

"Em SIQ3", disse o Dr. Guido Leite, "estamos trabalhando pesado na implantação de um modelo de excelência e pretendemos nos candidatar ao PNQ em 2014. Ainda estamos no vermelho, mas tenho fé que rapidamente superaremos nosso *break even point*, aumentando nossas vendas e apurando lucros expressivos. Até o momento, segundo minha avaliação, já temos 400 pontos nas condições habilitadoras e é claro que isso deverá alavancar os resultados desejados. Os investimentos feitos retornarão rapidamente."

"Antonio Rafael não se moverá um milímetro na direção proposta por Marina, e certamente também não irá na direção do Leite", respondeu Dr. Luis. "Ou reposicionamos o sistema de gerenciamento da qualidade ou abandonamos essas iniciativas isoladas. Vocês sabem que, se Antonio seguir as ideias de seu sogro, desistirá da ISO 9001 e optará por ações que produzam resultados imediatos. O homem está uma fera."

Antonio Rafael adentrou a sala e sentou-se na cabeceira da mesa de reuniões. "Como vocês sabem, a quebra da Torpedo tem sido uma corrente contrária muito forte para nossos negócios", começou. "Isto não é algo do que iremos nos recuperar rapidamente, mas certamente nos recuperaremos. Há outras ações a desenvolver e faremos isso a tempo. Neste momento, quero assegurar que podemos continuar a satisfazer nossos atuais clientes com baixos custos e alta qualidade. É preciso desenvolver novos processos e controles. Dr. Luis já colocou suas ideias impopulares, mas temos de considerá-las."

Assim que os dirigentes terminaram suas anotações, Rafael virou-se para os gráficos expostos na parede à sua frente onde estavam destacados a produtividade em longo prazo e os custos do sistema de gerenciamento da qualidade. Ele apontou para o primeiro intervalo no eixo do tempo. "Cinco anos atrás, quando meu saudoso sogro era o presidente, a Torpedo pediu que instalássemos um sistema de gerenciamento da qualidade total em nossas unidades químicas para melhorar a qualidade de nossos produtos e serviços. Essa ação foi adotada pelo Paulo Ossi da SIQ2. Os consultores da Torpedo auxiliaram a desenvolver e implantar um plano e, após um início lento, a certificação ISO aparentemente justificou o investimento feito e a conquista da certificação foi uma festa maravilhosa."

Continuou dizendo que apreciava muito o TQM da Marina, mas que precisava resultados mais significativos. Olhando para Guido, elevou o tom de voz e afirmou que conversando com o pessoal de operação da SIQ3 ouviu comentários que, em autoavaliações, esse pessoal não atribuiu mais do que 100 pontos para as condições habilitadoras e 40 pontos para resultados. Concluiu dizendo que havia lido que, nos Estados Unidos, as primeiras empresas que adotaram um modelo de excelência quebraram, destacando o caso da Florida Light and Power, e que, dessa forma, não estava mais disposto a esperar por mais dois anos no vermelho.

"Entendam nossa situação?", completou resumindo:

- "Dr. Luis quer reduzir custos da mão de obra;
- Marina quer continuar com esse modelo TQM;
- Guido quer ganhar um prêmio;
- Paulo Ossi quer execrar a ISO 9001".

"Determino aos senhores que conduzam um *benchmarking* interno para registrar lições aprendidas, pontos positivos e pontos negativos das ações de cada uma das SIQs. Preparem uma recomendação, propondo diretrizes para cada uma das diretorias e uma diretriz geral para o sistema corporativo da qualidade dessa organização."

"Trouxe comigo, aqui, o Sr. All Unos, engenheiro de produção que sugeriu que vocês preenchessem a tabela que exibo para vocês. É fácil: indiquem o que há de certo e de errado em cada uma das SIQs para a área de gerenciamento da qualidade e deem sugestões para ações corporativas da qualidade, na forma de diretrizes".

| Diretoria-Área | Acertos | Erros | Razões dos Acertos e Erros | Diretrizes recomendadas |
|---|---|---|---|---|
| SIQ 1 | | | | |
| SIQ 2 | | | | |
| SIQ 3 | | | | |
| Qualidade Corporativa | | | | |

## 8.2 CASO 02 – A MUDANÇA DA FAMÍLIA BEIRA

O Sr. Fernão Beira é o responsável pelo PMO da Companhia Cambio – uma importante e destacada empresa argentina que atua no mercado de importação e exportação de produtos agrícolas.

Como reconhecimento pelos bons serviços que tem prestado à empresa, há mais de cinco anos, o Sr. Fernão foi convidado a assumir o escritório de projetos de

Comércio Exterior da Companhia para toda a região do Mercosul. De imediato, o Sr. Fernão sentiu-se muito contente e satisfeito. Esse novo cargo representava um grande passo em sua carreira profissional. Todavia, a nova posição trazia consigo uma exigência: era preciso que o Sr. Fernão se mudasse para São Paulo – Brasil, local do escritório geral de comércio exterior da Companhia Cambio.

No caminho do trabalho até sua casa, vários pensamentos vinham à cabeça de Fernão. A oportunidade oferecida pela empresa era um sonho que sempre almejou em sua carreira profissional. Todavia, sentia-se preocupado quanto à reação de sua família diante da necessidade de mudança. E se sua mulher não aprovasse a ideia? Seria capaz de viver longe da família por uns tempos? E as crianças? Como seria a adaptação?

Na hora do jantar, Fernão permaneceu pensativo, com certo ar de tensão. Sua esposa, Dona Ana, mulher dedicada e atenciosa, percebeu que havia algo estranho. Entretanto, esperou até que as crianças terminassem o jantar e fossem assistir à televisão para conversar com o marido.

"Algum problema no trabalho, querido?" perguntou Dona Ana.

"Bem, acredito que não seja realmente um problema, mas é um assunto que precisamos conversar", respondeu Fernão, mostrando um sorriso pelo fato de a esposa ter notado que precisava conversar.

"Você foi despedido? Aconteceu algo de ruim no trabalho?", perguntou Ana.

Fernão, gaguejou, sorriu e, em seguida, respondeu: "Na verdade, fui convidado a assumir uma nova posição na empresa, a de gestor geral do escritório de Comércio Exterior".

Ana aproximou-se do marido e lhe deu um beijo, felicitando-o pela promoção. "Meu bem, eu estou muito contente por você."

Fernão lançou um olhar de carinho para a esposa, hesitou por alguns instantes e disse: "Todavia, para ocupar essa nova posição, preciso me mudar para o Brasil, local da sede de nosso escritório de Importação e Exportação."

"Que maravilha, que grande notícia!" exclamou Ana. "Você nem pense em viajar sozinho para lá, eu e as crianças queremos estar junto com você", disse Ana muito segura e alegre.

Fernão se espantou com a reação da esposa. "Puxa, pensei que você fosse ficar brava, que talvez até brigasse comigo. Fico feliz por reagir dessa forma. Mas, e as crianças? Será que elas também aceitarão a ideia? E a escola? Os amigos?"

Ana tranquilizou o marido. "Pois vamos consultá-las a respeito disso exatamente agora", disse.

Fernão e Ana sentaram-se no sofá enquanto Pablo, 10 anos, e Evita, 13 anos, assistiam à televisão. Ana contou às crianças a proposta que Fernão havia recebido e as condições impostas para que ele pudesse assumir o novo trabalho. No início, Pablo e Evita pareceram assustados e perplexos com a notícia. Entretanto, Fernão e Ana contaram como era o país para o qual se mudariam, que coisas poderiam ver, aprender e fazer. Ao final da conversa, Pablo e Evita já estavam mais entusiasmados que Fernão e Ana.

Fernão ficou muito satisfeito e alegre com a concordância de sua esposa e filhos. Sabia que um primeiro obstáculo havia sido vencido. Todavia, agora era preciso planejar como a mudança deveria ser conduzida.

A empresa havia lhe dado um prazo de 60 dias (dois meses) para que ele assumisse o novo cargo. Havia muita coisa a fazer em um período de tempo muito curto. Fernão sabia que, mais do que nunca, precisaria trabalhar "em equipe" com sua família para poder realizar a mudança no prazo necessário. Portanto, o próximo passo foi marcar uma reunião em casa, no jantar seguinte, para discutirem todo o planejamento e a execução da mudança.

No dia seguinte, após o jantar, a família Beira reuniu-se à mesa. Fernão entregou folhas em branco e um lápis para cada um. Em seguida, pediu a todos que listassem todos os aspectos que julgassem importantes para que a mudança pudesse ser realizada de forma organizada e sem surpresas.

A família, reunida, começava a discutir quais as atividades importantes que precisariam ser cumpridas para o sucesso da mudança de domicílio.

De início, Fernão destacou que a família não necessitava se preocupar com dois itens do processo da mudança: os trâmites legais, obtenção de passaporte e visto de entrada no Brasil, e a aquisição de um imóvel. Esses dois itens seriam de responsabilidade exclusiva da Companhia Câmbio.

Durante a discussão preliminar da família, Fernão fez questão de tomar nota das perguntas que surgiram com maior frequência:

- Que cuidados devemos tomar ao sair do domicílio atual?
- Que cuidados devemos tomar ao chegar no novo domicílio?
- O que precisamos efetivamente planejar para efetuarmos a mudança?
- Como devemos preparar nossos pertences para mudança?
- Que cuidados devemos ter com nossos pertences após a mudança?
- Quais serão os principais investimentos e gastos com a mudança?
- Como iremos nos localizar e deslocar em nosso novo domicílio?
- Como vamos nos integrar e fazer novas amizades?
- Que cuidados com instalações/utilidades precisamos ter?

**TAREFA I** – A partir da lista de perguntas anotada por Fernão, procure, por meio de um *brainstorming*, gerar um Diagrama de Afinidade para o evento: Como Executar esse Projeto com Sucesso.

A partir do levantamento e do agrupamento das atividades importantes para a mudança, Fernão e sua esposa buscaram entender quais os tipos de relacionamento (relações de causa e efeito) entre as perguntas surgidas na reunião familiar. O objetivo dessa análise era entender quais as atividades que teriam um maior impacto sobre o sucesso da mudança. Em uma análise mais detalhada das perguntas formuladas durante a reunião familiar, dois itens tinham ficado marcados na mente de Fernão: Planejamento e Aspectos Sociais.

**TAREFA II** – Para ajudar a família Beira a entender as relações de causa e efeito, busque construir um Diagrama de Relações. A seguir, identifique as atividades que demonstram ser as causas fundamentais para o sucesso da mudança e, por meio de um Diagrama em Árvore, faça um desdobramento dessas atividades-chave.

Fernão e sua família estavam satisfeitos com a evolução do planejamento e da organização do Projeto. Todos se mostravam envolvidos e comprometidos em participar e colaborar. Para que a Companhia Câmbio pudesse auxiliar a família Beira em seu processo de mudança, foi solicitado ao Sr. Fernão um orçamento preliminar de custos e prazos envolvidos na mudança, uma vez que a empresa já possuía um imóvel vago no Brasil, que estaria à disposição da família, assim que esta tivesse condições de mudar.

Fernão tratou de chamar Ana para ajudá-lo na montagem da matriz de custos, tarefas e responsabilidades. Utilizando o agrupamento de tarefas gerado durante a primeira reunião da família e as pesquisas de orçamento feitas por Fernão e Ana, o casal Beira se preparou para montar a matriz solicitada pela Companhia Câmbio.

## Relacionamento Atividades x Responsáveis:

| ATIVIDADES | RESPONSÁVEIS |
|---|---|
| Estabelecimento do Planejamento da Mudança | Fernão e Ana |
| Definição das necessidades para efetivação da mudança | Fernão, Ana e terceiros contratados |
| Pesquisa e cotação de preços das empresas transportadoras | Fernão e Ana |
| Identificação das necessidades de investimentos no novo endereço | Fernão e Ana |
| Contratação da empresa transportadora | Fernão |

| ATIVIDADES | RESPONSÁVEIS |
|---|---|
| Contratação de serviços para preparação das instalações no novo endereço | Fernão |
| Empacotamento e despacho dos pertences | Ana, Pablo, Evita e terceiros contratados |
| Conclusão das obras básicas para a realização da mudança | Fernão e terceiros contratados |
| Desempacotamento e acondicionamento dos pertences | Fernão, Ana, Pablo e Evita |
| Instalação e adaptação no novo endereço | Fernão, Ana, Pablo e Evita |

## Relacionamento Atividades x Custos Estimados:

| ATIVIDADES | CUSTOS ESTIMADOS |
|---|---|
| Estabelecimento do Planejamento da Mudança | $ 500,00 |
| Definição das necessidades para efetivação da mudança | $ 1.200,00 |
| Pesquisa e cotação de preços das empresas transportadoras | $ 2.000,00 |
| Identificação das necessidades de investimentos no novo endereço | $ 1.000,00 |
| Contratação da empresa transportadora | $ 10.000,00 |
| Contratação de serviços para preparação das instalações no novo endereço | $ 5.000,00 |
| Empacotamento e despacho dos pertences | $ 3.000,00 |
| Conclusão das obras básicas para a realização da mudança | $ 2.800,00 |
| Desempacotamento e acondicionamento dos pertences | $ 800,00 |
| Instalação e adaptação no novo endereço | $ 250,00 |

**TAREFA III** – Lançando mão de uma Matriz em "T", procure esboçar um relacionamento entre Atividades a serem Executadas, Responsáveis e Custo Estimado.

Ao elaborar uma matriz que exibia todos os relacionamentos envolvidos com o processo de mudança, Fernão notou que, apesar dos esforços de Ana, Pablo e Evita, era preciso centrar os esforços e o tempo em algumas poucas atividades mais relevantes. Havia dúvidas sobre quais eram os aspectos prioritários para efetuar a mudança com sucesso:

- Seria o Planejamento da Mudança?
- Seria o empacotamento dos bens e utensílios da família?
- Seriam as providências para a Saída do antigo imóvel?
- Seriam as providências para a Chegada no novo imóvel?
- Seria o Desempacotamento dos bens e utensílios da família?
- Seriam as decisões de Investimento (gastos) para a mudança?
- Seria o arranjo e organização dos Aspectos Sociais da mudança?
- Seria o estudo e a análise das Condições e Opções de Deslocamento?
- Seriam as decisões relativas à Instalação no Novo Domicílio?

Ao notar a lista imensa de atividades a cumprir, Fernão sentiu-se um pouco perdido. Por onde começar? Como selecionar as atividades? Ana percebeu o estado de tensão do marido. Tentou ajudá-lo, propondo que fizessem uma avaliação das atividades considerando três fatores importantes: Custo Estimado associado à Atividade, Impacto da Atividade para o Sucesso da Mudança e Grau de Complexidade/Dificuldade para realizar a atividade. Fernão gostou da sugestão da esposa, e deu sua contribuição propondo inclusive uma escala de prioridade para os fatores: 1º – Grau de Complexidade; 2º – Custo Estimado; e 3º – Impacto para o Sucesso.

**TAREFA IV** – Com base nas discussões mantidas entre Fernão e Ana proponha a criação e a utilização de uma Matriz de Priorização, dando pesos ao fatores de avaliação, conforme a escala de prioridade proposta por Fernão (1º = peso 5; 2º = peso 4; 3º = peso 3). Em seguida, utilize essa Matriz de Priorização, atribuindo notas para as atividades em cada um dos fatores (valores variando de 1 até 5; onde 1 indica baixo grau de correlação e 5 alto grau de correlação) a fim de auxiliar a família Beira a focalizar seus esforços.

Ana relata para Fernão que no passado sua família tinha a tradição de mudar com muita frequência de domicílio. Seu pai era militar e, por isso, mudanças eram comuns para sua mãe e irmãos. De sua experiência passada, Ana contava que sempre ocorriam problemas no momento da Instalação da Família no novo endereço. Portanto, para tentar minimizar novas dores de cabeça, Ana elaborou uma lista de possíveis problemas que poderiam aparecer e, em conjunto com Fernão, buscou discutir como tratar previamente a ocorrência dos seguintes inconvenientes:

- Funcionamento das utilidades (gás, água, luz, telefone).
- Acondicionamento dos pertences da família.
- Desenvolvimento de uma nova rede de fornecedores de serviços.
- Integração da família ao novo ambiente.

**TAREFA V** – Com base na lista preliminar elaborada por Ana, apresente um PDPC para a atividade de Instalação no Novo Domicílio.

Finalmente, para garantir que a família Beira pudesse concretizar sua mudança no prazo de 60 dias, Fernão preparou um quadro detalhado das principais atividades envolvidas e seus respectivos tempos de duração.

## Lista das atividades:

1. Estabelecimento do Planejamento da Mudança.
2. Definição das necessidades para efetivação da mudança.
3. Pesquisa e cotação de preços das empresas transportadoras.
4. Identificação das necessidades de investimentos no novo endereço.
5. Contratação da empresa transportadora.
6. Contratação de serviços para preparação das instalações no novo endereço.
7. Empacotamento e despacho dos pertences.
8. Conclusão das obras básicas para a realização da mudança.
9. Desempacotamento e acondicionamento dos pertences.
10. Instalação e adaptação no novo endereço.

## Tempo de duração:

| Atividade | Precedência | DURAÇÃO (dias) | | |
|:---:|:---:|:---:|:---:|:---:|
| | | P | MP | O |
| 1 | | 7 | 4 | 1 |
| 2 | 1 | 3 | 2 | 1 |
| 3 | 2 | 10 | 3 | 2 |
| 5 | 3 | 13 | 5 | 3 |
| 7 | 5 | 5 | 3 | 1 |
| 4 | 2 | 3 | 2 | 1 |
| 6 | 4 | 5 | 3 | 1 |
| 8 | 6 | 23 | 11 | 5 |
| 9 | 7 e 8 | 7 | 5 | 3 |
| 10 | 9 | 11 | 8 | 5 |

Legenda: P = pessimista; MP = mais provável; O = otimista

**TAREFA VI** – Utilizando as informações coletadas por Fernão, procure esboçar um Diagrama da Rede de Atividades para o processo de mudança, buscando apontar qual o caminho crítico a ser gerenciado para que a mudança ocorra no prazo planejado. A seguir, elabore um cronograma para o acompanhamento das atividades listadas na Matriz "T".

# 8.3 CASO 03 – O RESTAURANTE PACIÊNCIA

O restaurante Paciência vem observando queda em sua taxa de ocupação. A opinião geral de sua direção e do quadro de funcionários é que isso se deve ao surgimento, nas vizinhanças, de novos concorrentes.

O dono, que acumula a função de cozinheiro chefe, tem conversado com amigos, concorrentes, especialistas em marketing e velhos clientes. O maître e os garçons também têm buscado informações, palpites e sugestões. Todos concordam quanto à necessidade de reagir, de mudar.

Aumentar o grau de satisfação dos clientes, fazendo-os retornar sempre, e conquistar novos clientes passaram a ser os grandes desafios do Paciência.

Muitas tardes e madrugadas foram usadas pelo grupo e até alguns amigos da casa, especialistas em negócios de alimentação, para entender que os principais objetivos estratégicos do Paciência deveriam ser :

- imagem da marca;
- ambiente agradável para fins de negócio e/ou lazer;
- fidelidade dos clientes;
- reputação de qualidade nos produtos fornecidos;
- reputação de qualidade nos serviços prestados.

## As instalações

O Paciência foi instalado em uma área nobre da cidade e, por essa razão, foi difícil adquirir um espaço físico adequado. Foram colocadas mesas de modo a abrigar simultaneamente, em média, 120 clientes distribuídos em 20 mesas, aproximadamente. Prevendo longas esperas, em razão do tamanho da cozinha e da complexidade dos pratos contidos em seu cardápio, o dono do restaurante optou por dedicar uma generosa área para um bar com dez mesas para seis a oito pessoas, bem como estabeleceu um convênio com um estacionamento ao lado, de modo a garantir vagas para 50 automóveis ao mesmo tempo.

O previdente dono do restaurante, também por causa das demoras, tratou de dotar a casa de amplos e bem arejados sanitários para os clientes. Além disso, também alugou uma pequena casa ao lado para instalar os sanitários para ele e seus funcionários.

Enfim, o Paciência tratou de minimizar as consequências das longas esperas.

## A organização

O dono do restaurante adotou a seguinte organização:

**Cozinha** – O chefe (dono) e mais dois ajudantes. O chefe cria, dita as receitas, escolhe os ingredientes, controla o sabor e aparência dos pratos e trata de prever necessidades de materiais e de garantir sua disponibilidade para pronta utilização. Por ser também um "expert" em bebidas, mantém consigo o encargo da escolha da carta de vinhos e afins, cuidando também de sua previsão e disponibilidade. Os auxiliares de cozinha (2) são pessoas escolhidas pessoalmente pelo chefe. Não estão autorizados a inventar, são simplesmente braços executivos do chefe.

**Bar** – O barman foi criado na própria casa. Era um antigo ajudante de cozinha, grande apreciador de bebidas e portador de um olfato e um paladar elogiado por todos. É extremamente rápido, limpo e organizado. O ajudante do bar (1) atende os clientes, anota seus pedidos, os abastece e esclarece dúvidas, na medida de seus conhecimentos.

**Sala de refeições** – O maître é um homem fino, educado e elegante. Trabalhou em outros restaurantes finos e é um organizador. Dá um toque de classe em tudo que é feito na sala de refeições. Sua principal função é acomodar os clientes, oferecer auxílio quanto ao cardápio, fazer sugestões, esclarecer dúvidas e tomar nota do pedido. Apresenta a conta e desembaraça os clientes.

Os garçons (3) entregam cardápios, distribuem pedidos, buscam os pratos e os servem. Quando chamados, providenciam a preparação da conta. Cada garçom atende apenas as mesas para as quais foi designado.

Os auxiliares da sala de refeições (2) colocam os pratos, talheres, trazem bebidas, servem *couvert*, trocam copos e pratos e limpam o recinto e as mesas. Aos auxiliares não é permitido fazer nenhuma das tarefas dos garçons.

**Caixa** – O caixa recebe cópia das comandas, calcula as contas, recebe o dinheiro, faz o troco, imprime papeletas de cartão de crédito e emite notas fiscais.

## A pesquisa da *Glutão*

Os donos de restaurantes têm procurado cada vez mais uma aproximação com seus clientes. Além das pesquisas diretas, têm se utilizado também, para saber o que os clientes percebem, de publicações especializadas como jornais e revistas. Nos últimos tempos, uma revista tem se destacado como formadora de opinião. Trata-se da *Glutão*.

A revista *Glutão*, da editora Agosto, por meio de seu corpo de especialistas, tem insistido que um restaurante de sucesso deve, entre outras coisas, cuidar, em primeiro lugar, da satisfação completa dos clientes em termos de qualidade, quantidade e atendimento.

A opinião positiva dos clientes também está relacionada à qualidade dos "produtos acabados", aspectos tangíveis do serviço, qualidade das matérias-primas, cortesia no atendimento, confiabilidade dos serviços, percepção da qualidade dos serviços e tempo de resposta às solicitações.

A *Glutão* pesquisou, em restaurantes de categoria equivalente ao Paciência, alguns itens considerados importantes por seus leitores. O quadro comparativo, com o desempenho do mês de dezembro de 2009, pode ser visualizado a seguir:

| ITEM DE SATISFAÇÃO | UNIDADE DE MEDIDA | RESTAURANTES | | | | |
|---|---|---|---|---|---|---|
| | | PACIÊNCIA | EXPRESSO | DEVANEIO | SERV-PLUS | MAXI-SERV |
| Esperas não necessárias | Número de solicitações de intervenção/semana | – | 35 | – | 25 | – |
| Tempo para atendimento ao cliente | Média semanal em minutos | 45 | 39 | 55 | 58 | 42 |
| Cortesia | Número de queixas de mau atendimento/semana | 3 | 7 | 10 | 2 | 6 |
| Elogios espontâneos | Número de menções/ semana | – | – | – | 2 | 1 |
| Nível de Ruído | Intensidade em decibéis | – | 60 | 70 | – | – |
| Erros no Pedido | % de pedidos preparados erroneamente/semana | 7 | 10 | 5 | 8 | 7 |
| Erros na Cobrança | % de faturas emitidas erroneamente/semana | 5 | 2 | 7 | 8 | 3 |

## O jantar de comemoração da TQS

No final do ano de 2011, a TQS realizou seu tradicional jantar de confraternização no Paciência.

Ao se despedir do chefe da cozinha (o dono do restaurante) e de seus funcionários, a direção da TQS manifestou os seguintes votos: "Clientes que somos desta casa desejamos que em 2012 vocês olhem com carinho alguns processos próprios de seu negócio. Em particular tratem de ter os melhores processos de:

- compra de matérias-primas;
- gestão do pedido dos clientes;
- inovação de produtos;
- avaliação da satisfação dos clientes;
- comunicação e marketing".

"Se assim o fizerem voltaremos na data de nosso aniversário e no próximo final de ano."

## O dia "D"

O comentário da direção da TQS, a situação do momento e as pesquisas da *Glutão* fizeram com que o chefe finalmente convocasse, para um dia de trabalho, seus amigos clientes e funcionários.

O chefe propôs que todos avaliassem seus processos enfatizando seu desempenho para o negócio em termos da qualidade apresentada pelo restaurante em cada um deles. Os seguintes quadros foram obtidos:

Interno – Colaboradores – Total: 11

| PROCESSO | Desempenho em termos de Qualidade | | | | |
|---|---|---|---|---|---|
| | Insuficiente | Suficiente | Discreto | Bom | Ótimo |
| Compra de Materiais | – | | 1 | 9 | 1 |
| Inovação de Produtos | – | | – | 10 | 1 |
| Gestão do Pedido de Clientes | 7 | 1 | 3 | – | – |
| Avaliação do Grau de Satisfação | 1 | 2 | 8 | – | – |
| Comunicação e Marketing | 1 | 1 | 8 | 1 | – |

Externo – Amigos e Clientes – Total: 20

| PROCESSO | Desempenho em termos de Qualidade | | | | |
|---|---|---|---|---|---|
| | Insuficiente | Suficiente | Discreto | Bom | Ótimo |
| Compra de Materiais | – | – | 1 | 18 | 1 |
| Inovação de Produtos | – | – | 1 | 17 | 2 |
| Gestão do Pedido de Clientes | 13 | 5 | 2 | – | – |
| Avaliação do Grau de Satisfação | 3 | 2 | 15 | – | – |
| Comunicação e Marketing | 1 | – | 17 | 2 | – |

## A complexidade da gestão do pedido de clientes

Os clientes externos podem ser classificados de diferentes formas: (1) quanto ao número de pessoas podem ser indivíduos, pares e grupos; (2) quanto à reserva podem ser com ou sem reserva; e (3) quanto ao tipo de compromisso podem ser pessoas em negócios, em reunião social ou em encontros familiares. Pelo menos sete diferentes grupos de pessoas participam desse processo.

Os clientes consultados dizem que chegam ao restaurante, fazem seu pedido, recebem o pedido, solicitam a conta, conferem e pagam, retirando-se em seguida.

O maître diz que acomoda o cliente, toma o pedido, retira a conta no caixa e a entrega ao cliente.

O garçom diz que entrega o cardápio, distribui o pedido internamente, retira o pedido na cozinha, o entrega ao cliente e solicita o fechamento da conta. O auxiliar prepara a mesa e serve o *couvert*. A cozinha faz a preparação do pedido. O caixa prepara a conta. O barman se encarrega da preparação do pedido de bebidas.

O corpo de funcionários desejou analisar profundamente as possíveis causas da não satisfação dos clientes. Em uma nova reunião decidiu-se pela identificação e avaliação dos subprocessos integrantes da gestão dos pedidos.

Após exaustivos debates, foi elaborado o quadro que se apresenta a seguir:

Interno – Colaboradores – Total: 11

| Subprocesso | QUALIDADE | | | | |
|---|---|---|---|---|---|
| | Insuficiente | Suficiente | Discreto | Bom | Ótimo |
| Acomodação do Cliente | – | – | 1 | 9 | 1 |
| Entrega do Cardápio | – | 1 | 1 | 9 | – |
| Preparação da mesa e *couvert* | – | – | – | 10 | 1 |
| Tomada do Pedido | – | 1 | 8 | 2 | – |
| Distribuição do Pedido | – | 1 | 1 | 9 | – |
| Preparação do Pedido | 10 | 1 | – | – | – |
| Retirada e Entrega do Pedido | – | – | 1 | 9 | 1 |
| Solicitação do Fechamento da Conta | – | – | 2 | 9 | – |
| Preparação da Conta | 11 | – | – | – | – |
| Retirada e Entrega da Conta | – | 1 | 1 | 9 | – |

## O subprocesso Preparação do Pedido

Desde o momento em que o garçom coloca o pedido e o retira são desenvolvidas várias etapas. É feita a separação do pedido de bebidas e de pratos, os ingredientes para o preparo dos pratos são separados, receitas são seguidas e, por fim, os pratos constituintes de um pedido são colocados juntos.

## O subprocesso Preparação da Conta

A partir do momento em que começam a chegar, os pedidos são acumulados em endereços especiais. A solicitação de fechamento da conta dispara uma série de atividades:

a.   lançamento dos preços correspondentes aos itens do pedido;

b.   contabilização do valor total da conta;

c.   emissão da conta;

d.   colocação da conta em uma pasta personalizada do restaurante;

e.   recebimento dos valores;

f.   conferência de documentos e moeda sonante;

g.   preparação do troco caso seja necessário;

h.   preparação da nota fiscal quando solicitada;

i.   encaminhamento do troco e da nota fiscal para o cliente;

j.   realização dos lançamentos contábeis.

## A repercussão da pesquisa

Os comentários sobre o desempenho dos restaurantes fez com que o Paciência passasse a apurar, semanalmente, os principais itens de satisfação. O quadro que resume o comportamento das dez últimas semanas é apresentado a seguir:

| ITEM DE SATISFAÇÃO | UNIDADE DE MEDIDA | EVOLUÇÃO HISTÓRICA | | | | | | | | | |
|---|---|---|---|---|---|---|---|---|---|---|---|
| Tempo para atendimento ao cliente | Média semanal em minutos | 45 | 50 | 46 | 45 | 41 | 38 | 42 | 39 | 43 | 45 |
| Erros no pedido | % de pedidos preparados erroneamente/ semana | 7 | 15 | 11 | 11 | 13 | 10 | 8 | 8 | 6 | 7 |
| Erros na cobrança | % de faturas emitidas erroneamente/ semana | 7 | 10 | 11 | 8,5 | 8 | 7 | 7 | 5 | 5,5 | 5 |
| Cortesia | Número de queixas de mau atendimento/ semana | 8 | 6 | 6 | 10 | 5 | 5 | 7 | 4 | 4 | 3 |

CONCLUSÃO: O Paciência precisa e quer melhorar. Com a aplicação do gerenciamento interfuncional, quais as ações ou projetos necessários?

## 8.4 CASO 04 – A INDICAÇÃO

Fernão Beira, analista da Qualidade da empresa Duda_Corte_Costura, uma empresa da capital paulista, recebeu a seguinte tarefa do proprietário da empresa, um renomado estilista brasileiro chamado Duda: "Indique para o Jorge Armado alguns fornecedores brasileiros. Ele está com muita dificuldade de comprar alguns itens na Itália".

Fernão sabe da relação de confiança e amizade entre os dois estilistas e da "força" que Jorge deu para Duda no inicio da carreira. Portanto, não poderia indicar qualquer fornecedor.

A primeira ideia que veio à cabeça do Fernão foi consultar o gestor de produção, Sr. Forondo, a respeito das matérias-primas utilizadas na confecção. O Sr. Forondo foi logo dizendo: "O que você precisa, Fernão? Fornecedor do quê? De qual linha de produto? Cuecas, social, esporte-chique? Quais matérias-primas? Linhas e fios, tecidos, aviamentos?

Fernão percebeu que sua tarefa não seria fácil e foi até a área financeira da empresa perguntar quais eram os fornecedores da Duda_Corte_Costura. O gestor financeiro, Sr. Delgado, imprimiu uma lista, contendo mais de 200 fornecedores, desde prestadores de serviço quanto fornecedores de equipamentos, materiais de consumo e matérias-primas. Seu primeiro trabalho foi limpar a lista, deixando apenas os fornecedores de matérias-primas. Sobraram aproximadamente 90 fornecedores. De posse dessa lista, Fernão foi para casa descansar e pensar a respeito.

No dia seguinte, Fernão questionou o gestor financeiro a respeito dos valores mensais pagos aos fornecedores de determinada matéria-prima, e solicitou a lista dos dez maiores fornecedores, em termos de desembolso mensal.

A lista chegou rápido e Fernão foi para a produção conversar com o gestor da área: "Sr. Forondo, tenho uma lista de dez fornecedores. O senhor poderia me fornecer algumas informações sobre esses fornecedores? O senhor poderia me passar informações sobre qualidade dos produtos, retrabalhos gerados na produção, pontualidade na entrega e outras informações que o senhor achar pertinentes?".

O gestor da produção tomou a lista nas mãos, olhou com cuidado os nomes dos fornecedores e respondeu: "Fernão, alguns fornecedores desta lista apresentam altos valores, mas são itens de pouca utilização, normalmente de produtos sob encomenda. Farei essa análise para aqueles de uso rotineiro, diário. Contudo, tenho apenas as informações técnicas dos fornecedores. As Informações comerciais pertencem ao Delgado".

Fernão, então, propôs uma reunião conjunta entre os três para realizarem os apontamentos sobre os fornecedores. A pró-memória da reunião está apresentada a seguir.

### Digão Tecidos e Aviamentos LTDA ME

Forondo: "fornecedor de longa data da empresa, fica no quarteirão de trás. O dono é primo do Duda. Os produtos dele são bons, atendem às nossas especificações e dificilmente geram problema na produção. Ele é confiável e rápido para desenvolver novos produtos. O que normalmente ocorre é defeito quando o cliente usa o produto".

Delgado: "o Digão é complicado. Atrasa os pedidos, pede para adiantar pagamento ou dar sinal para entregar o pedido, mas não é careiro".

### Leal Tecidos S.A.

Forondo: "a Leal é uma empresa grande, exporta para vários países. Fica a uns 200 km daqui. Nunca tive problema com eles na produção, nem no pós-venda, mas muitas vezes as sobras de matérias-primas são grandes, pois eles têm política de pedido mínimo. É difícil desenvolver produtos com eles, pois o custo fica muito alto, mas eles têm um centro de pesquisa e desenvolvimento de dar gosto".

Delgado: "a Leal tem vendedor qualificado. O processo de vendas deles é padronizado. Nunca tivemos problemas de atraso, eles cumprem o combinado. O problema com eles é essa questão do lote pequeno. Quando a gente compra pouco, o prazo de entrega é maior do que quando a gente compra muito, mas o preço é o mesmo e ele não é nem caro nem barato. Parece que eles não dão muita atenção para pedidos pequenos".

### Fiação, aviamentos e assessórios Carneiro LTDA

Forondo: "os materiais da Carneiro são excelentes! É uma empresa pequena, localizada no município vizinho. Eles só contratam pessoal qualificado pelo Senac. O dono viaja o mundo atrás dessas feiras têxteis. Eles desenvolvem o que você quiser, ou até te dão sugestões de produtos e componentes novos. Mas cobram bem por isso! São ótimos na qualidade e careiros na hora de cobrar...".

Delgado: "tecnicamente o Forondo tem razão! A Carneiro é excelente! O problema é o pessoal administrativo deles! O produto eles entregam na data combinada, mas a relação comercial é complicada: a nota fiscal chega vencida, ou com vencimento para hoje, eles até se esquecem de cobrar".

## Roma Fios e Tecidos S.A.

Forondo: "a Roma também é grande, fica no distrito industrial a poucos quilômetros daqui. O bom é que eles aceitam pedidos menores, mas a qualidade, às vezes, falha. Eles são muito inconstantes quanto à qualidade, mas se você reclama, eles trocam para você. Eles vivem nos ligando e se oferecendo para desenvolvermos coisas juntos. Acho que eles pararam no tempo e agora querem voltar aos tempos de glória e precisam de novas ideias".

Delgado: "a Roma é boa de negócio! Preço acessível, entrega no prazo, pagamento 15 dias após o recebimento! Com eles não tem erro! Se dependesse de mim, só compraria deles... Mas o Forondo vive reclamando dos defeitos da matéria-prima deles...".

## Super Têxtil S.A.

Forondo: "essa não tem o que falar: empresa de grande porte, exportadora, produto de qualidade, não dá dor de cabeça! Só de vez quando os produtos deles não chegam, pois estão localizados no nordeste e, às vezes, acontece alguma coisa com o caminhão. Eles têm um representante de vendas aqui em São Paulo. Quando precisamos desenvolver alguma coisa mais complexa, chamamos a Carneiro ou eles. O preço deles para desenvolver é menor que o da Carneiro".

Delgado: "a Super Têxtil realmente é muito boa. O processo de vendas deles é padronizado, não são careiros, eu tenho um login e senha e posso colocar o pedido na internet. Não sei muito bem como funciona essa questão de tamanho de lote com eles. Eles nos vendem independente do tamanho do lote ou da quantidade. Quanto mais você compra, mais desconto eles te dão! O problema é o prazo de entrega. Eles ficam muito longe daqui".

## Questões para discussão

- Quais seriam os atributos foco de um Sistema de Avaliação – ou Sistema de Ponderação para os fornecedores da empresa de Duda? Separe em atributos técnicos e comerciais.

- Elabore uma ficha de avaliação de fornecedores fazendo uso de matrizes de priorização. Qual a sua conclusão do caso? Quem você indicaria?

## 8.5 CASO 05 – SALTO PLANTAS

A Salto Plantas tem duas atividades básicas, a saber:

- Atividades de vendas:
  - venda de flores e plantas para interiores;
  - venda de plantas de jardim;
  - venda de sementes;
  - venda de utensílios para jardinagem;
  - venda de livros e revistas sobre jardinagem.

- Atividades de manutenção:
  - manutenção de jardins particulares;
  - manutenção de campos de golfe;
  - preparação de decoração para festas;
  - preparação de decoração para cerimônias fúnebres.

O gestor das atividades de manutenção, Florisvaldo Gardênia, tem recebido sugestões de clientes indicando possíveis melhorias na prestação dos serviços e, ao mesmo tempo, reclamações dos patrões quanto ao custo da mão de obra e dos materiais. Aparentemente estão perdendo clientes por problemas de qualidade e preço. Florisvaldo decidiu, então, após receber sugestão de sua filha Azaléa Gardênia, estudante de engenharia de produção, aplicar uma metodologia usada na área da qualidade chamada gerenciamento do dia a dia (gerenciamento do cotidiano).

Azaléa que já havia ouvido falar sobre *benchmarking*, procurou para seu pai informações em publicações especializadas, em pesquisas que revelavam aquilo que no negócio em que seu pai trabalhava era considerado o melhor (Quadros 8.4, 8.5, 8.6 e 8.7).

Florisvaldo, seguindo as instruções de Azaléa, consultou cinco de seus mais experientes colaboradores para atribuir notas aos chamados "fatores de avaliação". Estabeleceu que uma nota cinco significaria que, por exemplo, um número grande de clientes estariam sendo afetados pela atividade. Uma nota 1 atribuída à carga de trabalho significaria que a carga de trabalho exigida pela atividade seria baixa. Uma nota 2 para repercussões de possíveis erros indicaria que essa atividade estaria tendo um impacto relativamente modesto sobre a referida repercussão. Uma nota 5 para grau de incontrolabilidade indicaria que a Salto Plantas não estaria conseguindo controlar adequadamente a atividade. A tabulação da consulta está presente no Quadro 8.1.

**Quadro 8.1** – Notas atribuídas para os fatores de avaliação

| Atividade | Fatores de avaliação | | | |
|---|---|---|---|---|
| | Carga de trabalho | Número de clientes afetados | Repercussões de possíveis erros | Variabilidade |
| Manutenção de jardins particulares | 3 | 3 | 3 | 2 |
| Manutenção de campos de golfe | 5 | 5 | 4 | 4 |
| Preparação de decoração para festas | 2 | 2 | 5 | 2 |
| Preparação de decoração para cerimônias fúnebres | 3 | 3 | 2 | 1 |

Florisvaldo e Azaléa levantaram as subatividades que compunham as atividades de manutenção de campos de golfe e de jardins particulares (Figura 8.1).

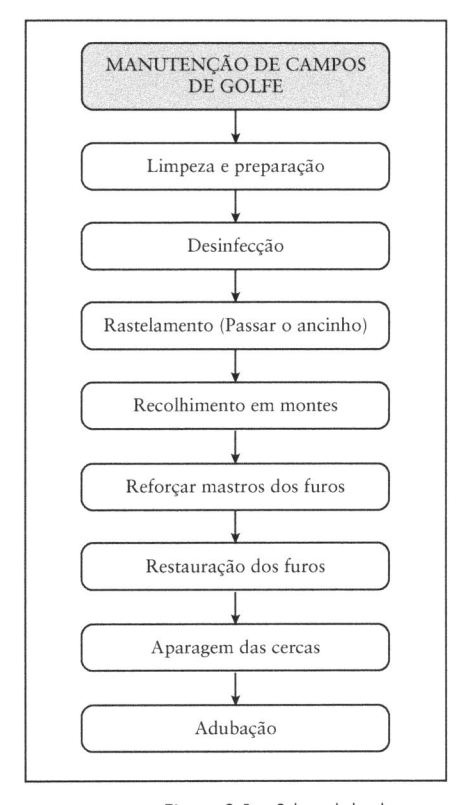
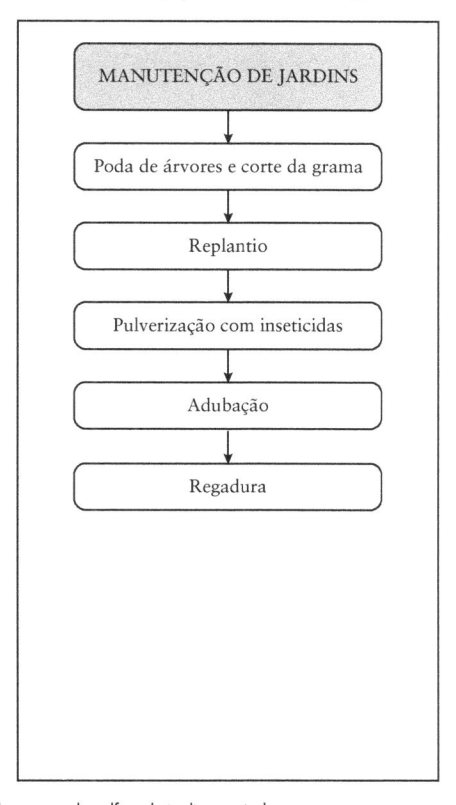

**Figura 8.1** – Subatividades de manutenção de campos de golfe e de jardins particulares.

Uma reunião com o grupo de manutenção de campos de golfe permitiu chegar ao Diagrama de Afinidades da Figura 8.2.

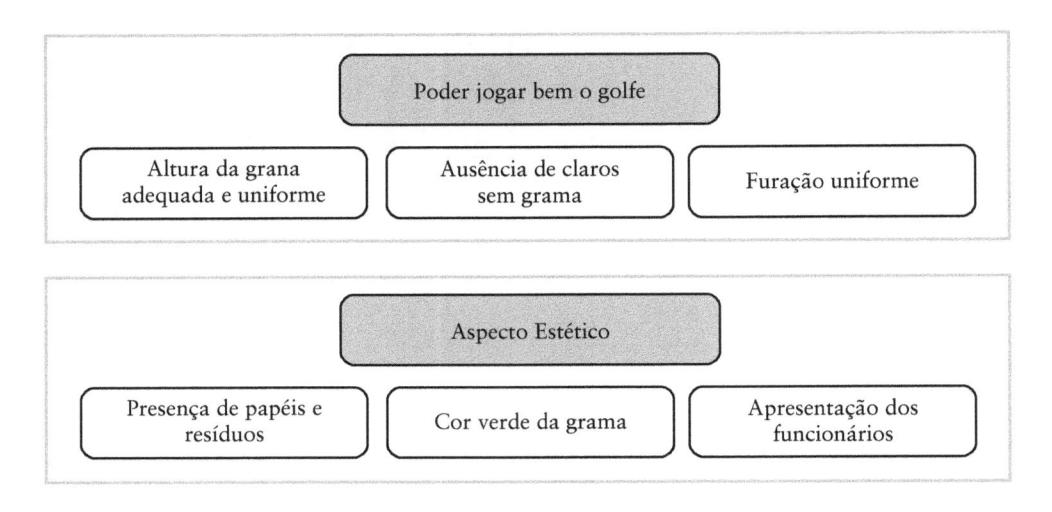

**Figura 8.2** – Diagrama de afinidades para poder jogar bem o golfe e aspecto estético.

Uma reunião com o grupo de manutenção de jardins permitiu chegar ao Diagrama de Afinidades da Figura 8.3.

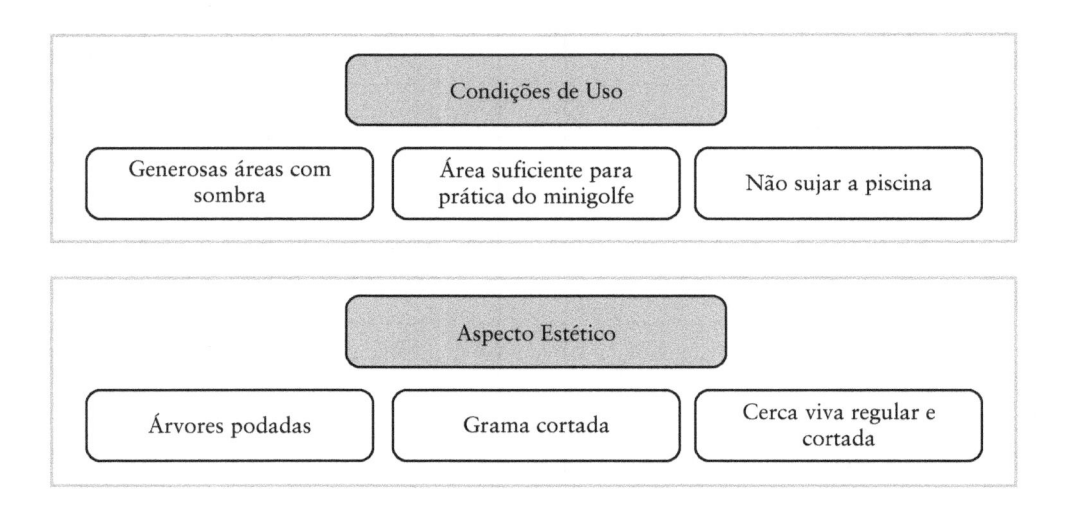

**Figura 8.3** – Diagrama de afinidades para condições de uso e aspecto estético.

Florisvaldo Gardênia encaminhou pesquisas aos clientes de manutenção de campos de golfe e de jardins particulares. A tabulação para campos de golfe está representada no Quadro 8.2.

**Quadro 8.2** – Tabulação da pesquisa com os clientes de campos de golfe

| Item | Gravidade da insatisfação | Frequência da insatisfação |
|---|---|---|
| 1 – má apresentação dos funcionários | 1 | 1 |
| 2 – mau estado do ferramental | 1 | 1 |
| 3 – antipatia dos funcionários | 1 | 2 |
| 4 – altura da grama adequada e uniforme | 5 | 4 |
| 5 – presença de claros sem grama | 4 | 4 |
| 6 – cor verde da grama | 4 | 3 |
| 7– presença de papéis e resíduos | 4 | 4 |
| 8 – cerca viva com contorno regular e cuidada | 3 | 3 |
| 9 – presença de cobras e grilos | 2 | 1 |
| 10 – presença de lagartos e sapos | 2 | 1 |
| 11 – umidade da grama | 1 | 1 |
| 12 – cheiro da grama | 1 | 1 |

A tabulação da pesquisa com clientes de jardins particulares é apresentada no Quadro 8.3.

**Quadro 8.3** – Tabulação da pesquisa com os clientes de jardins particulares

| Item | Gravidade da insatisfação | Frequência da insatisfação |
|---|---|---|
| 1 – má apresentação dos jardineiros | 1 | 2 |
| 2 – estado do ferramental | 2 | 2 |
| 3 – nível de ruído produzido | 2 | 1 |
| 4 – presença de formigas | 2 | 2 |
| 5 – presença de grilos e aranhas | 1 | 2 |
| 6 – árvores podadas | 5 | 4 |

| Item | Gravidade da insatisfação | Frequência da insatisfação |
|------|:---:|:---:|
| 7 – grama cortada | 5 | 5 |
| 8 – cerca viva com contorno regular e cortada | 3 | 4 |
| 9 – ausência de sombra generosa | 3 | 3 |
| 10 – indisponibilidade de área para prática do minigolfe | 4 | 5 |
| 11 – presença de folhas e gravetos na piscina | 3 | 5 |
| 12 – antipatia dos jardineiros | 1 | 1 |

Florisvaldo pediu a cada grupo que refletisse na análise de causa e efeito para a definição dos pontos cruciais dos processos e indicou que os objetivos a atingir seriam os melhores números indicados pelo *benchmarking* da Azaléa. Afirmou que nos casos de especificações dimensionais os limites de intervenção não poderiam superar os valores máximo e mínimo especificados. No caso de padrões como o de cor, por exemplo, os limites de intervenção poderiam ser os níveis vizinhos na escala indicada. Por fim, disse: "Precisamos apresentar ao nosso chefe, Sr. Margarido Gramíneo, para a atividade mais crítica, entre todas as que executamos, como faremos o gerenciamento do dia a dia. Portanto, para esta atividade, precisamos estabelecer objetivos, limites e sistema de controle. Precisamos indicar ao senhor Margarido as ações que devemos executar para colocar o sistema sob controle antes de estabelecermos a padronização. Vamos fazer isto já!".

## *Benchmarking* da Azaléa

**Pesquisa na revista** *Lazer, Festas e Cerimônias Fúnebres.*

**Quadro 8.4** – Fatores de avaliação importantes no ramo de jardins

| Fator de avaliação | Peso atribuído |
|------|:---:|
| A – carga de trabalho | 3 |
| B – número de clientes afetados | 5 |
| C – repercussões de possíveis erros | 5 |
| D – grau de incontrolabilidade | 4 |

Pesquisa via internet – Jardins, Esportes e Usuários de Serviços de Manutenção de Jardins e Campos de Golfe.

**Quadro 8.5** – Peso atribuído a frequência e gravidade da insatisfação.

| Item de satisfação | Peso atribuído |
|---|---|
| Frequência de insatisfação | 3 |
| Gravidade da insatisfação | 5 |

Pesquisa revista *Top dos Esportes* – Edição Primavera de 2011 – Golfistas Mais Exigentes, em Seus Giros Mundiais.

**Quadro 8.6** – Como deve ser um campo de golfe

| Item | Especificações |
|---|---|
| Altura da grama | h grama = 5 a 7 cm |
| Áreas falhas de grama | diâmetro máximo 15cm |
| Quantidade de papéis e resíduos | menos de 1 saco de 1 litro por hectare |
| Altura de cerca de contorno | h cerca = 90 a 120 cm |
| Furação uniforme | ovalização nula |
| Tonalidade do verde | nível 3 da escala IRIS |
| Visibilidade da sinalização | nível 5 da escala LINCE |

Pesquisa revista *Gardens e Jardins* – Edição setembro/outubro de 2010 – Os Mais refinados apreciadores de jardins particulares.

**Quadro 8.7** – Como deve ser um jardim particular

| Item | Especificações |
|---|---|
| Altura da grama | h grama = 3 a 5 cm |
| Áreas falhas de grama | diâmetro máximo 15 cm |
| Quantidade de papéis e resíduos | menos de 1 litro por 1000 $m^2$ por dia |
| Altura da cerca de contorno | h cerca = (140 a 170) cm |
| Quantidade de folhas e gravetos na piscina | menos de 1 saco de 1 litro por semana |
| Área de sombreado | 25% a 30% da área total |
| Área para minigolfe | 4% a 6% da área total |